AUSGESCHIEDEN

rowohlt
BERLIN

DIE KUNST DER WELTKLUGHEIT

Über Taktik,
den Umgang mit Menschen
und wie man den Tücken des Lebens
den schlimmen Finger zeigt.
100 Tipps, gegeben von einem
spanischen Mönch
vor 350 Jahren
und in die heutige Zeit
übertragen von

CHRISTOPH SCHULTE-RICHTERING

Rowohlt · Berlin

AUSGESCHIEDEN

1. Auflage März 2012
Copyright © 2012 by Rowohlt · Berlin Verlag GmbH, Berlin
Alle Rechte vorbehalten
Satz aus der Janson PostScript (InDesign)
bei Pinkuin Satz und Datentechnik, Berlin
Druck und Bindung CPI – Clausen & Bosse, Leck
Printed in Germany
ISBN 978 3 87134 742 9

Inhalt

Vorwort   11

Vermeiden Sie es, wunschlos glücklich zu sein   15
Leisten Sie Vertrauensvorschuss   16
Vermeiden Sie offenen Konkurrenzkampf   17
Machen Sie andere von sich abhängig   19
Haben Sie Haare auf den Zähnen   20
Lassen Sie andere über Ihr Vorhaben im Ungewissen   21
Zeigen Sie der Konkurrenz nie den schlimmen Finger   22
Machen Sie nicht aus einem dummen Streich zwei   23
Von angeborener Herrschaft   24
Entscheiden Sie mit Herz und Kopf   27
*Glück («happiness») hat nichts mit Glück («luck»)
     zu tun*   28
Nichts vorzeigen, was erst halb fertig ist   30
Machen Sie sich klar, dass es überall Asis gibt   31
Vergeuden Sie Ihre Energie nicht auf Nichtigkeiten   32
Sie brauchen zwei Eigenschaften: Können und Wollen   33
Seien Sie leidenschaftslos   34
Machen Sie den «Depeche-Mode-Test»   37
Zügeln Sie Ihre Einbildungskraft   39
Beklagen Sie sich nicht   40
Machen Sie vor dem Kampf ein paar Luftstreiche   41
Lernen Sie zu vergessen   42

*Machen Sie mit – aber nur, soweit es der Anstand
   erlaubt* 44
Handeln Sie stets, als würden Sie gesehen 46
Machen Sie den Sack zu 47
Die Kunst, in Zorn zu geraten 48
Halten Sie die Erwartung rege 49
Seien Sie geistesgegenwärtig 51
*Der Kluge und der Dumme tun das Gleiche – aber
   der Kluge tut es beizeiten und der Dumme zu spät* 52
Vom Tintenfisch lernen heißt siegen lernen 53
Bringen Sie bittere Wahrheiten schonend bei 55
Übertreiben Sie nicht 56
Bleiben Sie zugänglich 58
Auch nicht verkehrt: Gründlichkeit und Tiefe 59
Die eine Hälfte der Welt lacht über die andere 61
Irgendwann ist auch mal Schluss mit lustig 63
Besitzen Sie Anziehungskraft 64
Besitzen Sie die Erfordernisse des Lebens doppelt 65
Nicht wirksam scheinen, sondern sein 66
Erklären Sie sich nicht 68
Seien Sie kein miesepetriges Frettchen 69
Leben Sie nicht zu hastig 71
Machen Sie nicht so viel Wind 72
Seien Sie kein Lästermaul 73
Kein Pathos, keine Feierlichkeit 74
Machen Sie sich rar 76
Seien Sie geschäftstüchtig 77
Seien Sie makellos 78
*Richten Sie sich nie nach dem, was der Gegner
   von Ihnen erwartet* 79

Halten Sie sich von allgemeinen Narrheiten fern 82
Machen Sie nicht aus lauter Güte Fehler 84
Das Höchste in der höchsten Gattung 87
Was ist besser: geachtet werden oder geliebt werden? 89
Besorgen Sie sich einen Sündenbock 91
*Wer sich nicht mit der Löwenhaut bekleiden kann,
    nehme den Fuchspelz* 92
Von der Kunst, die Dinge ruhen zu lassen 94
Kennen Sie Ihre Unglückstage 95
Hüten Sie sich vor dem Sieg über Vorgesetzte 96
Erlauben Sie sich verzeihliche Fehler 97
Ergreifen Sie nichts gar zu fest 98
Handeln Sie mal aus erster, mal aus zweiter Absicht 101
*Verwerfen Sie nicht als Einziger das, was vielen
    gefällt* 103
Streben Sie nach Vollendung 105
Von der Kunst, lange zu leben 106
Seien Sie unbefangen 108
Drücken Sie sich NICHT IMMER *klar und deutlich
    aus* 110
Hegen Sie keinen Widerspruchsgeist 111
Lassen Sie es nie zum Bruch kommen 112
Finden Sie das Gute in allem 114
Glück und Ruhm 116
Natur und Kunst 117
Nicht spitzfindig sein 119
Verstand und Gefühl 120
Die Universität des Lebens 122
Die Sache und die Art 123
Wissen Sie genau, was Sie nicht können 126

Labern Sie nicht rum   127
Seien Sie unberechenbar   128
Setzen Sie Ihre Torheiten nicht fort   129
Ein bisschen Jovialität schadet nicht   130
Fleiß und Talent   132
Wissen Sie sich zu helfen   133
Zurückhaltung ist ein sicherer Beweis von Klugheit   134
Schein und Sein   134
Machen Sie nichts, was in schlechtem Ansehen steht   138
Winke zu verstehen wissen   140
Treten Sie nicht unter übermäßigen Erwartungen auf   142
Seien Sie nicht aus Stein   144
Prügeln Sie sich nicht   145
Legen Sie sich einen guten Geschmack zu   146
Wissen Sie zu wählen   148
Handeln Sie vorausschauend   149
Warten können   151
Nichts durchpanzern   152
Bedenken Sie das Ende   153
Originelle Gedanken haben   154
Geraten Sie nie aus der Fassung   156
Gehören Sie weder ganz sich selbst noch ganz den anderen   157
Zu prüfen verstehen   159
Stellen Sie sich manchmal dumm   160
Gewöhnen Sie sich an die Charakterfehler Ihrer Bekannten   161
Manche Dinge muss man nicht besitzen   162
Andere Menschen denken anders   164

Verstehen Sie zu prunken   166
Von der Reife   168
Bleiben Sie flexibel   169
Suchen Sie sich Vorbilder   170
Sauber bleiben   172
Seien Sie nicht selbstzufrieden   173
Fallen Sie anderen nicht auf den Wecker   175
*Achten Sie mehr darauf, nicht einmal danebenzutreffen,
    als darauf, hundertmal zu treffen   176*
Sorgen Sie für genügend Reserven   177
Abwägen können   179
*Aus Fehlern lernen und den glücklichen Ausgang
    im Auge behalten   181*
*Sie leben nicht im Paradies – aber auch nicht
    in der Hölle   183*
Sehen Sie zu, dass Sie zurückgewünscht werden   183
Nichts bis auf die Hefe leeren   186
Die Gunst anderer nicht verbrauchen   187
Lernen Sie, die Narren zu ertragen   188

Vorwort

Glücks-, Karriere- und Erfolgsratgeber, wohin man schaut – brauchen wir wirklich noch einen mehr? Die Antwort lautet: ja! Beziehungsweise erst mal: na ja!

Einerseits haben Sie es in Ihrem Leben doch einigermaßen zu was gebracht. Wenn Sie wollten, könnten Sie sich jeden Tag zwei Scheiben Salami auf dem Butterbrot leisten und am Wochenende das Frühstücksei an der dicken Seite aufklopfen. Also: Pfeifen Sie auf den ganzen Ratgeberquatsch und machen Sie weiter so!

Andererseits: Läuft wirklich alles immer rund? Es gibt ja doch dauernd lästige Kleinigkeiten, Situationen, Szenen und Konstellationen, die gern wiederkehren und bei denen man sich, meist zu spät, sagt: Bah, hätte ich da mal anders reagiert! Hätte ich da bloß meine Klappe gehalten! Warum musste ich dem Chef die Wahrheit direkt vor die Füße knallen? Hätte ich diese E-Mail doch nie geschrieben und abgeschickt! Und warum schaffen es andere, stundenlang ruhig zu bleiben, während mir schon nach fünf Minuten die Hutschnur hochgeht? Ob im Privatleben oder im Beruf: Die meisten Zwickmühlen, Schwierigkeiten und Eskalationen ergeben sich aus Winzigkeiten, die sich hätten vermeiden lassen können, wenn man im entscheidenden Moment einen Schritt vorausgedacht hätte. Dieser Schritt voraus kann, je nach

Situation, mal so und mal so und mal ganz anders aussehen.

Die Glücksratgeber der letzten Jahre kann man jeweils einer von nur zwei Familien zuordnen: entweder der Familie der «Schweine-Ratgeber» oder der Familie der «Schafs-Ratgeber». Die «Schweine-Ratgeber» propagieren: «Du musst ein Schwein sein in dieser Welt»; «Die Kunst, ein Egoist zu sein»; «Sag nein ohne Skrupel». Die «Schafs-Ratgeber» hingegen empfehlen: «Das Glück beginnt in dir», dann kommt das äußere Glück von ganz allein; «Die Kunst, *kein* Egoist zu sein» oder «Die Reise zum Glück». Allerdings: Benehmen Sie sich mal Ihrem Chef gegenüber wie ein Schwein – Sie sind Ihren Job schneller los, als Sie grunzen können. Oder sind Sie etwa selbst der Chef? Dann verhalten Sie sich Ihren Mitarbeitern gegenüber auch nur einmal wie ein Schaf – und die suchen sich schnell einen anderen Hütehund. Das Leben ist komplexer, als die Glücksratgeber uns weismachen wollen. Deshalb gilt in Wahrheit: Wer erfolgreich und glücklich sein will, darf weder Schwein noch Schaf sein. Wer in der Welt klarkommen will, muss mal Fuchs sein, mal Löwe, mal Wolf, mal Schlange und mal Taube – mal Fuchs, um die Schlinge zu wittern. Mal Löwe, um die Wölfe zu verscheuchen. Mal Wolf, um die Füchse zu reißen. Manchmal muss man sanft sein wie die Taube, manchmal listig wie die Schlange – und manchmal muss man sogar beide Naturen in sich vereinigen, aber nicht als Ungeheuer, sondern wie ein Wunder: als die Schlangentaube.

Das wusste bereits vor gut 350 Jahren der spanische Mönch Baltasar Gracián, der in seinem Buch «Handorakel und Kunst der Weltklugheit» Regeln für ein erfolgreiches Leben aufstellte – Spielregeln, an denen sich im Laufe der Jahrhunderte nichts geändert hat. Gracián seziert menschliche Verhaltensweisen und lässt so manche Illusion platzen. Er analysiert die Welt, wie sie ist – und nicht, wie er sie gerne hätte. Die Quelle, aus der Gracián seine Beobachtungen schöpft, ist der spanische Königshof mit seinen Hofschranzen, seinem Geschacher um Privilegien, seinen wilden Liebschaften und wüsten Intrigen. Also alles ganz wie bei Ihnen zu Hause und im Büro. Gracián selbst haben seine Ratschläge allerdings nicht viel genutzt: Er bekam Publikationsverbot, wurde strafversetzt, unter Hausarrest gestellt und verlor sein Lehramt.

1717 wurden Graciáns Spielregeln erstmals ins Deutsche übersetzt, ab 1830 wurden sie durch die Übertragung von Arthur Schopenhauer bald einem breiten Publikum bekannt. 1961 schenkte meine Großmutter meiner Mutter das «Handorakel» mit der Widmung «Für stille Stunden», und so verwahrte es meine Mutter, bis ich es 1986 in die Finger bekam. Irgendwas an diesen Regeln scheint also zeitlose Gültigkeit zu besitzen, wenngleich die Lebensumstände, unter denen der Text und später die deutsche Übersetzung entstanden, sich mittlerweile so verändert haben, dass sie dringend einer Aktualisierung bedürfen. Nun, im Jahr 2012 wird es höchste Eisenbahn, die wichtigsten Weisungen Graciáns in die heutige Zeit zu übertragen. Inhaltlich habe ich an den 350 Jahre alten Ideen nichts geändert – Wortwahl, Tonfall und Fallbeispiele sind natürlich die des 21. Jahrhunderts. Aber einmal soll doch Baltasar Gracián in seinem eigenen, unnachahmlichen Stil selbst zu Wort kommen:

«Möge der Leser aus diesen Weisungen, wie die emsige Biene, entweder den Honig des schmackhaften Vorteils oder das Wachs für das Kerzenlicht der Desillusion gewinnen!»

Vermeiden Sie es, wunschlos glücklich zu sein

Sehen wir der Wahrheit ins Gesicht: Die Wahrscheinlichkeit ist nicht sehr groß, dass Sie wunschlos glücklich werden. Meistens geht im Leben ja doch das eine oder andere in die Hose, und sei es, dass man gerade wunschlos glücklich durch den Park spaziert, dann aber in einen Hundehaufen tritt und sich ganz schnell eine Rolle Zewa wisch & weg herbeiwünscht.

Aber davon mal ganz abgesehen: Das Wesen des Menschen besteht ja darin, zu streben und zu atmen. Und wer ausatmet, möchte wieder einatmen, wer aber einatmet, möchte wieder ausatmen etc. Gut so! Neugier, Hoffnung, Hunger treiben uns an. Denn was wäre, wenn Sie sich zum Beispiel *alle* Wünsche erfüllen könnten – und auch fest entschlossen wären, das zu tun? Wenn Sie auf dem Jahrmarkt erst mit einer Zehnerkarte die Bayernkurve nähmen, dann mit dem Autoscooter jedes andere Auto rammten, anschließend Zuckerwatte, Liebesapfel und Currywurst Pommes-Mayo äßen und sich dann noch ein großes Softeis «Grüne Mamba» reinpfiffen? Ihnen wäre schlecht. Sie wären alles andere als wunschlos. Sie würden sich nämlich wünschen, alles schnell wieder auskotzen zu können. Und anschließend wünschen Sie sich eine Packung Pfefferminzbonbons und saubere Schuhe. Es geht halt immer weiter mit dem Wünschen. Ich bin sicher, Sie wissen, was das in der Konsequenz bedeutet. Wünsche sind okay – man muss aber auch mal gut sein lassen können. Das befreit – und die gute Fee kann Sie mal kreuzweise.

Leisten Sie Vertrauensvorschuss

Was nützt es Ihnen, wenn Sie dem Zimmermädchen das Trinkgeld am *letzten* Urlaubstag hinlegen? Nichts! Geben Sie ihr das Trinkgeld am *ersten* Tag! Vertrauensvorschuss motiviert: Was nachher lediglich Entlohnung für geleistete Arbeit wäre, wird so zur Verpflichtung: Sie wird besonders sorgfältig putzen, Ihnen das Kissen besonders hübsch aufschütteln, den Bademantel im Schmetterlingsmuster auf dem Bett drapieren, und sie wird nicht (wie sie es sonst macht) mit Ihrer Zahnbürste das Klo schrubben und sich mit Ihrem teuren Rasiergel die Beine rasieren.

Klingt unmittelbar einleuchtend, wird aber nur selten praktiziert. Und wenn man ganz ehrlich ist, hat die Sache auch einen Haken, denn ein solches Vorgehen ist natürlich nur ein Deal unter Ehrenmännern und -frauen: Niedrige Gemüter hingegen werden das als Vorschuss geleistete Trinkgeld einsacken und sofort den Griffel fallen lassen – die Kohle ist ja bereits da. Es obliegt nun Ihrer Einschätzung der Welt im Allgemeinen und des Zimmermädchens im Besonderen, welche Reaktion Sie eher erwarten: besondere Stärkung oder völliges Erschlaffen der Motivation. Ich versteige mich jetzt einfach mal zu der These, dass man verschiedene weltanschauliche Systeme am aufgeschüttelten Kissen des Hotelbetts nach geleisteter Trinkgeldzahlung erkennen kann. In sozialistisch geprägten Systemen liegt abends nach wie vor lediglich ein Betthupferl auf dem Kissen – in marktwirtschaftlich orientierten Systemen aber zwei. Raubtierkapitalismus erkennt man daran auch: Ich hatte in St. Petersburg plötzlich abends mal den ganzen Aschenbecher voller Schokotäfelchen.

Vermeiden Sie offenen Konkurrenzkampf

Nirgendwo zeigt sich die hässliche Fratze der Rivalität deutlicher als im Fußballstadion, beim Kampf um die Meisterschale. Um die Vortrefflichkeit des eigenen Vereins herauszustreichen, kleidet man sich als, sagen wir mal, BVB-Fan natürlich in den entsprechenden Farben, mit Fanschal, schwarzgelber Kutte und Pulswärmern. Da der Fan aber instinktiv weiß, dass diese Ästhetik nicht unwidersprochen als *state of the art* akzeptiert werden wird, zieht man als weiteres Mittel des Distinktionsgewinns die Verunglimpfung des Gegners heran: Man singt «Was ist grün und stinkt nach Fisch? Werder Breeemen!» auf die

Melodie des Gospelsongs «Hallelujah». Zurück kommt dann «Ihr seid nur ein Tigerentenclub!» auf die Melodie von «Yellow Submarine». Dieser Austausch von Stänkereien ist zwar beliebt, aber wenig produktiv. Gut aussehen tut dabei keiner.

Übersetzen Sie das Ganze ins echte Leben! Alle in der Firma haben sich in die neue Volontärin verliebt? Die Volontärin ist quasi die Meisterschale. Lassen Sie sich nicht auf den direkten Wettbewerb ein, der sich gerne auf der Weihnachtsfeier Bahn bricht. Wenn Schulz aus dem Controlling spitzkriegt, dass nicht nur er scharf auf die Kleine ist, wird er dem Mädchen erzählen, wie der Chef Sie kürzlich erst zusammengefaltet hat! Wenn Sie dann Ihrerseits erzählen, dass Schulz einen Playboy auf dem Herrenklo hat liegen lassen, machen sich beide vor dem jungen Ding zum Vollhorst und wirken wie die hässlichen Deppen aus der Südkurve. Das ist natürlich schon nicht sehr ehrenhaft – es geht aber auch richtig blöde.

Ich habe so etwas mal erlebt: Die Volontärin kam aus Tschechien, war bildhübsch und betrat ein Büro, in dem vier Autoren arbeiteten. Der erste rief begeistert: «Meine Großmutter ist Vierteltschechin!», um eine Art Gemeinsamkeit zwischen ihm und der hübschen Volontärin herzustellen. Und da sie lächelte, fühlten sich die anderen drei bemüßigt, dagegenzuhalten: «Ich habe mal tschechisches Bier getrunken!», krähte der zweite. «Ich bin ein Fan von Sparta Prag», log der dritte, und der vierte schoss den Vogel ab, weil er «auf der Klassenfahrt nach Prag mal in die Moldau gekotzt» hatte. Ich verrate Ihnen jetzt nicht, welcher von den vieren ich selbst war. Die Volontärin jedenfalls betrat das Büro so schnell nicht mehr wieder. Nebenbuhler führen selten auf ehrenwerte oder intelligente Art Krieg. Also: Nebenbuhlerschaft vermeiden!

Machen Sie andere von sich abhängig

Der Chiropraktiker ist eigentlich arm dran: Der Patient kommt angehumpelt, der Chiropraktiker macht «knacks», der Patient verlässt im aufrechten Gang die Praxis und kommt nie wieder. Wer den Schmerz los ist, verlässt den Ort der Heilung. Der Patient mag dem Arzt zwar für den Rest seines Lebens dankbar sein (wobei auch die Dankbarkeit vergänglich wie Morgennebel im Sommer ist), aber für die Dankbarkeit kann sich der Chiropraktiker keine Erdnussbutter aufs Brot schmieren. Um wie viel besser hat es der Zahnarzt! Unermüdlich nagt der Zucker, in stetigem Kauen werden die Zähne abgenutzt. Ohne irgendeine Hoffnung auf endgültige Erlösung fängt es schon früh an mit Plomben, später kommt die Brücke, dann der Zahnersatz. Je älter der Patient wird, desto höher wird die Abhängigkeit vom Zahnarzt, der schon längst in seinem Porsche zum Golfplatz fährt, während der Chiropraktiker noch mit dem Klapprad das Altglas zum Container bringt. Nehmen Sie sich ein Beispiel an Ihrem Zahnarzt: SO wird's gemacht! Augen auf bei der Berufswahl! Und bei jeder ähnlichen Entscheidung.

Haben Sie Haare auf den Zähnen

Sie sollen ja nicht gleich mit der Faust auf den Tisch hauen, ein Fass aufmachen oder gar dem Chef auf den Schreibtisch pinkeln. Aber wenn auf Ihrem Grabstein später mal steht: «Er war immer der Netteste unter den Kollegen», können Sie froh sein, dass Sie tot sind, denn «nett» ist ja bekanntlich die kleine Schwester von «scheiße». Wenn Sie immer nett und gutmütig sind, werden Sie nach unten durchgereicht und müssen dann am Ende der Nahrungskette Ihren Platz behaupten, obwohl es Ihnen am Anfang viel mehr geholfen hätte! Die wenigsten Menschen werden ja betrogen, weil sie dumm sind, sondern weil sie zu gutmütig sind. Man könnte sogar behaupten, dass allzu viel Güte verbrecherisch ist: Sie stiften Ihre Umwelt ja geradezu an, Sie übers Ohr zu hauen! Wer immer redlich ist, der gibt anderen Gelegenheit, unredlich zu sein. Seien Sie also beizeiten auch mal widerborstig. Nicht umsonst hat Mutter Natur der Biene neben dem süßen Honig auch den Stachel gegeben!

Lassen Sie andere über Ihr Vorhaben im Ungewissen

Sie entdecken auf dem Flohmarkt ein originalverpacktes Yps-Heft von 1976, mit Gimmick Nr. 25 (Urzeitkrebse) und rufen freudestrahlend dem Händler zu: «Wahnsinn, ich werd verrückt, so eines ist ja kürzlich bei eBay für 250 Euro weggegangen! Das suche ich schon seit Jaaahren! Was soll das denn kosten?» Was, glauben Sie, erhalten Sie zur Antwort? Eben. Ganz anders hingegen, wenn Sie sich von dem Händler erst bei einer wertlosen Kermit-Puppe für fünf Euro breitschlagen lassen, obwohl Sie nur drei Euro zahlen wollten, aber nur (und ab jetzt betont lustlos sprechen), «wenn ich noch so 'n Comicheft, na, nehmen wir das abgeranzte hier, dazukriege ...» Und dann gaaanz unauffällig wegschlendern, nicht umgucken, dumdidum ... Auf dem Parkplatz dürfen Sie feiern. Aber nur kurz, denn zu Hause werden Sie nach ein paar Tagen feststellen, dass die Urzeitkrebse anfangen, bestialisch zu stinken.

Und so lernen Sie gleich eine zweite Lektion: dass man sich nicht alle Träume erfüllen sollte. Ich zum Beispiel war mit fast dreißigjähriger Verspätung auf einem Konzert der Lieblingsband meiner Jugend, dem Electric Light Orchestra. Als Kind durfte ich nicht, als Vierzigjähriger habe ich mir das gegönnt. Nun, was soll ich sagen. Das Electric Light Orchestra von heute ist quasi das Yps-Heft mit den Urzeitkrebsen unter den Musikgruppen. Es hat sogar gestunken.

*Zeigen Sie der Konkurrenz nie
den schlimmen Finger*

Nein, es geht nicht um den Stinkefinger! Den lassen Sie sowieso mal hübsch eingefahren, denn anders als zum Beispiel ein «blöder Sack!» (450 Euro) oder ein «Wegelagerer!» (400 Euro) kann der Mittelfinger bis zu 4000 Euro kosten, wenn Sie ihn einem Polizisten entgegenstrecken. Interessanterweise kostet Mittelfinger plus «Bullenschwein!» lediglich 1000 Euro, was die Vermutung nahelegt, dass man bei «Bullenschwein» *ohne* Stinkefinger eigentlich noch 3000 Euro rausbekommen müsste.

Aber beim «schlimmen Finger» geht es um etwas ganz anderes: Wenn Sie sich am Finger verletzt haben – zeigen Sie es niemandem. Man wird mitleidig tun, sich aber hintenrum über Sie lustig machen und über Ihre Schwäche herfallen. Natürlich zielt der Gegner immer auf ebendiese Stelle, also verbergen Sie den schlimmen Finger! Nur dann bekommt er die zur Heilung nötige Ruhe. Der Finger steht hier natürlich sinnbildlich für jede Schwäche, die Sie eventuell haben. Ebenso wenig sollten Sie Ihre Stärken demonstrativ zur Schau stellen, denn sind sie einmal als Stärken erkannt, wird sich niemand mehr mit Ihnen auf Ihrem Spezialgebiet messen wollen. Und das macht Ihre Stärke nutzlos. Also: Man offenbare weder das, was einen besonders schmerzt, noch die Sache, in der man besonders glänzt: Damit das eine ende und einem das andere bleibe.

Machen Sie nicht aus einem dummen Streich zwei

Natürlich waren Sie gestern Abend betrunken, als Sie es auf der Betriebsfeier pudellustig fanden, kurz in den Kopierraum zu wanken, sich mit dem nackten Hintern auf den Kopierer zu setzen, hundert Abzüge zu machen und die Kopien anonym auf die Postfächer der Kollegen zu verteilen. Aber jetzt, am nächsten Morgen, nach der zweiten Tasse Kaffee und einem Leberwurstbrot, werden Sie so langsam wieder nüchtern – und es fällt Ihnen ein, dass es den IT-Mann nur einen Mausklick kostet, anhand Ihres Kopier-PIN-Codes nachzuvollziehen, wer sich gestern Nacht um 3 Uhr 24 hundert Kopien gemacht hat. Was tun? Jetzt könnte man natürlich beim IT-Mann einbrechen und die Listen mit den PIN-Codes vernichten. Dazu bräuchte man aber den Schlüssel zur IT-Abteilung – aber der hängt im rund um die Uhr besetzten Sekretariat. Klar, man könnte also eine Strumpfmaske kaufen, sich aus einem Stück Seife einen Revolver schnitzen und ihn mit schwarzer Schuhcreme einfärben, um das Sekretariat zu überfallen ... Nein! Nicht tun! Lieber hoffen, dass die Nummer im Sande verläuft.

Von angeborener Herrschaft

Als wir, leicht angetrunken, spät nachts drei, vier Stufen in die Lissaboner Hafenkneipe hinabstiegen, hörten wir die Musik schon. Es war Fadonacht – und die Fadokünstler Lissabons hatten sich getroffen, um gemeinsam zu musizieren. Es gab fast so viele Sänger wie Zuschauer, kein Wunder, denn die Kneipe war winzig klein. Es gab nur einen Gastraum und die direkt an den Schankbereich anschließende Unisextoilette mit dem in Portugal noch zuweilen üblichen Plumpsklo. Hafenspelunke nennt man so was wohl. Eine fettleibige Matrone überwachte den Ablauf des Abends und moderierte jeweils die Sänger an, die an der Reihe waren und aus dem Gastraum aufstanden, um auf die Bühne zu gehen, die aus zwei übereinandergestellten Euro-Paletten bestand. Die Kapelle saß auf drei Stühlen daneben. Man platzierte uns neben einen zahnlosen Seemann namens Carlos, der jedes Lied mitsingen konnte und uns begeistert erzählte, wie er nicht nur in Deutschland gearbeitet hatte, sondern dass er in allen Sprachen der Welt das Wort Frau kenne. «English: woman», sagte Carlos völlig richtig. «French: la femme», fuhr er fort. «Portuguese: mujer. Italian: la donna!» Und mit einer Kunstpause setzte er zum Triumph an: «German: Erika!»

Und während wir noch lachten und Seemann Carlos ob seiner exzellenten Sprachkenntnisse zu einem Glas Wein einluden, entdeckte ich aus dem Augenwinkel ihn: den König von Portugal! Genau genommen handelte es sich natürlich nicht um den König von Portugal, sondern um Manuel Soares, eine Größe des Fado, wie uns der Seemann erzählte. «Manuel Soares is the best», murmelte Carlos und rollte gefährlich mit den Augen. «He will sing soon.» Manuel saß allein an einem abgesonderten Tisch, nein, er saß nicht, er thronte auf seinem Holzstuhl. Beide Hände auf einen Spazierstock mit einem Entenkopf aus Messing gestützt, die weißen Handschuhe lässig auf dem Schoß ruhend. Sein hellgelber Anzug, seine Krawatte und sein Einstecktüchlein im selben Muster saßen tadellos – und in der Hitze der Kneipe zwischen Seeleuten, Hafengesindel und zwei deutschen Touristen war Manuel Soares eine königliche Erscheinung. Alles schien auf seinen Auftritt hinzulaufen, alle anderen Sänger: nur Vorgruppen, billige Staffage für den einzigen, den großen und unvergleichlichen Manuel Soares. Manuel trank keinen Wein, sondern Wasser. Mit spitzen Fingern griff er regelmäßig nach seinem Glas, um in der verrauchten Luft die empfindliche Kehle zu benetzen. Ab und zu strich er sich elegant über den sorgfältig gestutzten Schnurrbart und tupfte sich mit einer winzigen Portugalfahne, die er aus seinem Ärmel zog, imaginäre Schweißperlen von der Stirn.

Die fette Matrone sagte Künstler um Künstler an, allein der König von Portugal rutschte immer unruhiger auf seinem Stühlchen hin und her und wartete auf seinen Auftritt. Ab und zu tappte er ärgerlich mit seinem Stock auf den Boden, wenn wieder einem anderen Sänger der Vorzug gegeben wurde. Aber endlich war es so weit: Das Licht im Raum verdunkelte sich, und auch die Matrone senkte ihre Stimme. Obwohl wir kein Portugiesisch sprachen, war klar, dass es jetzt zum Auftritt des Fadokönigs kommen würde – und richtig, die Moderation der Zeremonienmeisterin endete in einem triumphalen «… Manuel Soaaaaaareees!»

In den Applaus hinein erhellte ein Spotlight seinen Platz in der sonst stockfinsteren Kneipe – aber Manuels Platz: war leer. Der Applaus verstummte abrupt. Das Spotlight suchte die Kneipe ab. Und mitten in das klamme Schweigen hörte man sie: die Toilettenspülung. Da hatte auch der Spotfahrer herausgefunden, wo der König des Fado sich gerade befand, und leuchtete auf die Klotür, die sich mit dem Klackern des Schlosses öffnete und einen erbosten Manuel Soares freigab, der sich erst noch die Hände vom Waschen rieb, um dann den Spotfahrer mit seiner kleinen Portugalfahne ärgerlich wegzuwedeln. Ein zweiter Applausversuch verebbte kümmerlich – die Toilette ist kein guter Start für einen Bühnenauftritt. Manuel Soares war vernichtet. Sein anschließender Auftritt konnte nicht übertünchen, was jeder dachte: Auch der König von Portugal muss manchmal aufs Klo.

Jetzt gibt es zwei Wege für ein gekröntes Haupt, die Manuel-Soares-Peinlichkeit zu vermeiden. Der eine besteht darin, sich eben nicht beim Gang aufs Klo erwischen zu lassen. Der andere Weg aber, der wahrhaft kaiserliche Weg ist der, dass es einem völlig egal ist, ob man dabei beobachtet wird. Was kratzt es den Kaiser, wer ihm zuschaut? Man ist doch der Kaiser! Aber die Größe muss man erst mal haben.

Entscheiden Sie mit Herz und Kopf

Heutzutage hat ja das Bauchgefühl das Herz abgelöst, manchmal hat man's auch im Urin oder in der linken großen Zehe. Alle diese Körperteile eint, dass sie mit der Intuition gemeinsame Sache machen und sich gegen den Kopf verschwören. Kopfmenschen mit verkopften Kopfgeburten sind ja überall unbeliebt. Der Kopf hat keinen guten Ruf. Eigentlich zu Unrecht, denn was nützt die beste Intuition, wenn man nicht mit dem Kopf begreifen würde, was die Intuition von einem will? Denn wenn der Bauch schon so laut schreit, braucht man den Kopf, um zu verstehen, welche Konsequenzen aus dem Bauchgefühl zu ziehen und welche Maßnahmen einzuleiten sind. Der Bauch alleine ist ja handlungsunfähig – und man sieht dem Übel nur zwar gefühlig, aber tatenlos entgegen, statt ihm mit dem Kopf entgegenzuwirken. Und das Dumme beim Bauchgefühl ist ja auch noch, dass es so subtil daherkommt und durchaus missverständliche Botschaften sendet.

Umgekehrt kommt man aber allein mit dem Kopf auch nicht weit: Die Firma zieht um und bietet einen Job in einer Stadt an, die man nicht mag. Akzeptiert man das Angebot und nimmt dafür Dirndl, Sepplhut und Oktoberfest in Kauf? Vielleicht lernt man ja, das Oktoberfest zu lieben, und merkt, dass man nur dumme Vorurteile gepflegt hat? Dass da gar nicht sinnlos Alkohol gesoffen, sondern gemütliches Brauchtum gepflegt wird? Aber was, wenn man sich nicht irrt: Wenn man zwischen all den Besoffskis sitzt und sich unterm Sepplhut eine Maß Heimweh breitmacht? Und wenn sich dieses private Unglück auf den Job überträgt, man Fehler macht und so auf einmal die vermeintlich sichere Stelle in Gefahr gerät? Dann ist man plötzlich schnell arbeitslos – und das in der verhassten Stadt! Feiert man da nicht lieber als arbeitssuchender, aber glücklicher Kölner weiter Karneval, in der Hoffnung, am Rosenmontag den Personalchef des Mitbewerbers zu bützen? Oder wird man nicht doch ein sauertöpfischer Rheinländer, weil die Firma in München einen steilen Aufstieg hinlegt, und man ist als Einziger nicht mit auf den Erfolgszug aufgesprungen, sondern fährt jetzt stattdessen die ehemaligen Kollegen mit dem Taxi zum Flughafen?

Es geht also nur in Kooperation: mit Herz *und* Kopf. Haben zum Glück auch die meisten, außer Naddel (kein Kopf) und Dieter Bohlen (kein Herz).

*Glück («happiness») hat nichts
mit Glück («luck») zu tun*

Da hat der FC Bayern München doch schon wieder in der 90. Minute das 1:0 geschossen. Dusel-Bayern! Quatsch. Das Glück muss man auch wollen: Nur wer den Glauben hat, jedes Spiel zu jedem Zeitpunkt gewinnen zu können, ist in der Lage, bis zur letzten Minute eine scheinbar aussichtslose Sache noch zu drehen. Das hat aber natürlich nichts mit Dusel zu tun, sondern mit der Kunst, das Glück zu erzwingen. Einige begnügen sich damit, sich wohlgemut an Fortunas Tor zu stellen und zu warten, dass sie öffne. Andere aber streben vorwärts, damit sie auf den Flügeln ihrer Tapferkeit die Gunst der Glücksgöttin gewinnen mögen.

Oliver Kahn formuliert es eleganter: «Niemals aufgeben! Immer weitermachen! Immer weiter! Immer weiter!» Für den Fan der Gegenmannschaft, dem in der 90. Minute beim 1:0 dann die Stadionwurst im Hals stecken bleibt, ist es natürlich eine Erleichterung zu glauben, der Erfolg des FC Bayern habe nichts mit dessen Leistung zu tun, sondern lediglich mit einem unverdienten Zufall. Mit dieser Vorstellung und einem Sixpack Astra-Pils lässt sich auch der Heimweg besser ertragen. Dusel-Bayern eben. Wenn Sie allerdings Spieler des FC Bayern München sind und es besser wissen – lassen Sie die anderen ruhig in ihrem Kinderglauben! Denn die glauben, dass es eben ein höheres Schicksal ist, das ausgerechnet immer die Bayern gewinnen lässt. Sie resignieren und werden nie versuchen, von sich aus etwas an dieser angeblich «höheren Gewalt» zu ändern. Und so werden Sie als Strategie-Profi noch jahrelang von der Naivität der anderen profitieren. Hähä!

PS: Der Autor wollte nie Bayern-Fan werden. Aber die anderen Vereine sind manchmal so doof – da kann man ja kaum anders.

Nichts vorzeigen, was erst halb fertig ist

CHEF Schmitz, zeigen Sie mal die Präsentation für die Rhabarberschorlen-Kampagne!
SCHMITZ Ähh, die Deadline ist doch erst nächste Woche ...
CHEF Ach, egal. Ich will nur schon mal einen kleinen Blick drauf werfen.
SCHMITZ Okay, na gut, ist aber noch nicht fertig, der Name ist noch Blindtext, weil das Marketing mir den endgültigen Namen noch nicht gemailt hat ...
CHEF «Rhabarbia»??? Sind Sie bescheuert? Wer hat sich denn den Quatsch ausgedacht?
SCHMITZ Ich sag ja, ist noch Blindtext, das Marketing hat ...
CHEF Und hier, die Bläschen, das muss noch prickelnder ...
SCHMITZ Ich sag ja, ist nur ein Entwurf, die Kohlensäure-Software kommt erst morgen.
CHEF Falscher Name, die Bläschen sind Mist, das Rosa ist zu grell. Schmitz, Schmitz, Schmitz ...
SCHMITZ Ich sagte doch, es ist nur ein Entwurf! Das Rosa wirkt besser, wenn die Bläschen erst drin sind.
CHEF Und dann auch noch mit Ausreden kommen.
SCHMITZ *lauter* ES IST NUR EIN ENTWURF!!
CHEF Jetzt mal nicht laut werden, nur weil Sie sich ertappt fühlen.
SCHMITZ *schwach* Es ... ist ... nur ... der ... Entwurf ...
Chef verärgert ab.

Machen Sie sich klar, dass es überall Asis gibt

Klar, in der Frankfurter Fußgängerzone, in Spaßbädern, Musicalvorstellungen, Freizeitparks, in den DSDS-Mottoshows oder im Big-Brother-Container trifft man allenthalben auf Pöbel. Zu erkennen ist er ganz leicht: Er trägt beschriftete Kleidung oder beschriftete Haut. Meistens sogar beides. Aber auch in der Senator Lounge der Lufthansa, im Operncafé oder in der Bar des Hotels Adlon wird gepöbelt, was das Zeug hält. Auch hier ist der Pöbel leicht zu erkennen: Er bestellt «Latte Mattschiato» und beschwert sich über den fehlenden Keks, weil er glaubt, so ein staubiger Amarettino gehört zum *savoir vivre* dazu.

Aber Vorsicht: Sich über die Asis aufzuregen, rückt einen selbst in die Nähe des Pöbels. Man gesellt sich quasi als Gegenpöbel dazu: «Guck mal, Sieglinde, die da drüben verwechseln Campari mit Martini und bestellen Campari mit Olive, igitt, nicht wahr, Schatz? Herr Ober, bitte entfernen Sie diese Subjekte aus unserem Blickfeld!» Auch nicht besser. Die Erkenntnis aber, dass es, egal, ob barfuß oder Lackschuh, überall Pöbel gibt, ist beruhigend. Sie bewahrt einen davor, selbst rumzukrakeelen – und sie bewahrt einen vor Sozialneid. Andererseits: Es pöbelt sich natürlich angenehmer im Hermès-Shop als bei Burger King.

Vergeuden Sie Ihre Energie nicht auf Nichtigkeiten

Payback-Punkte, Bonusmeilen, Rabattmarken und Coupons – wenn man das alles hat, ist das Leben ja quasi gratis. Schon für 5999 Payback-Punkte gibt's eine Thermoskanne – ohne Zuzahlung! Aber natürlich muss man dafür jahrelang seine Karten mit sich rumschleppen, bei jedem Einkauf an die Gutschrift denken und eventuell sogar Umwege in Kauf nehmen, weil es nur beim Megadingsmarkt im Gewerbegebiet die Payback-Punkte gibt. Selbstverständlich braucht man auch für jede Fluglinie eine eigene Bonusmeilen-, Miles-and-More- oder Air-Berlin-Karte. Hiermit versichere ich Ihnen feierlich: Ihre Prämie haben Sie sich hart erarbeitet und sauer erkauft. Sie haben jahrelang an Ihren Bonuspunkten geackert – für eine Thermoskanne im Wert von 12,99 Euro. Höchstens. Wäre es nicht besser, Sie hätten die Zeit der Punktejagd damit verbracht, etwas anderes, Schöneres zu machen? Vielleicht, äh, einen Winterspaziergang im Wald?

Aufwand und Ertrag sollten in einem guten Verhältnis stehen. Befassen Sie sich nicht über Gebühr mit Nichtigkeiten, irrelevanten Details und Unfug wie Coupons und Gutscheinen. Man bekommt im Leben in der Regel nichts geschenkt. Zumindest nicht von Firmen, deren Interesse darin besteht, mit Ihnen Geld zu verdienen. Investieren Sie Ihre Energie in die wirklich wichtigen Dinge! Gut, ist natürlich doof, wenn man beim Winterspaziergang dann keine Thermoskanne dabeihat.

*Sie brauchen zwei Eigenschaften:
Können und Wollen*

Was hat denn das eine mit dem anderen zu tun? Zuerst zum Können: Ein DSDS-Kandidat muss singen können. Germany's Next Topmodel muss anmutig laufen können. Der Erwerb dieser Fähigkeiten ist mühselig, aber wer seinen Beruf beherrscht, hat einen entscheidenden Vorteil gegenüber demjenigen, der einfach nur berühmt werden will. Dazu kommt allerdings das Wollen: Irgendwann muss man die Traute haben und sich vor Dieter Bohlen oder Heidi Klum hinstellen und loslegen. Wenn Sie's können, geht's in den Recall.

Können ohne Wollen endet im stillen Kämmerlein, Ihr Talent wird verborgen bleiben, sodass fraglich ist, ob Sie es überhaupt besitzen – denn wenn Sie nie beweisen, dass Sie es können, bleibt alles nur Behauptung. Wollen ohne Können hingegen endet mit einem lächerlichen RTL-Auftritt, der dreimal in Zeitlupe wiederholt wird und am nächsten Tag mit Screenshots in der Bildzeitung steht. Ganze Schulklassen werden in der Fußgängerzone mit dem nackten Finger auf Sie zeigen und rufen: «Da ist der Hasenpups mit Klobürste im Arsch», weil Bohlen Sie so genannt hat. Also sehen Sie zu, dass Sie sich beides zulegen, Mut und Können.

Seien Sie leidenschaftslos

Das ist natürlich schwierig, denn gerade dann, wenn etwas besonders wichtig ist, hat man ja besonders *viel* Leidenschaft: in der Liebe, im Job, im Fußballstadion oder in der Frage, wer die Fernbedienung des Fernsehers beherrscht. Leidenschafts*los* ist man ja eher bei Sachen, die einem egaler als egal sind. Wie leicht ist es, sich zwischen Telekom und Vodafone, Almighurt und Dany plus Sahne oder zwischen Pelikan und Geha zu entscheiden! Weil's wurscht ist.

Die Fähigkeit besteht also darin, mit kaltem Blut Entscheidungen zu treffen, wenn einem das Herz bis zum Hals klopft, das Adrenalin aus den Augen tropft und das Blut in den Ohren rauscht! Runterkommen, cool bleiben. So vernebelt einem die gelbe Galle nicht die Sinne, man kann klarer schauen und entsprechend abgeklärter entscheiden. Angenommen, Sie spielen in der ersten Runde des DFB-Pokals für den TSV 1863 Marktoberdorf, normalerweise Bezirksoberliga, gegen den gigantischen FC Bayern München. Im Anschluss an das große Spiel soll gegrillt werden, die Frau des Bürgermeisters hat zur Feier des Tages einen Kartoffelsalat gemacht. Die Geschäftsstelle des FC Bayern hat die Einladung zum Würzfleisch nicht einmal beantwortet, aber das geht schon okay, die haben sicher viel zu tun. Jetzt aber zum Spiel: Der übermächtige Gegner tut sich schwer, hat in der ersten Halbzeit mit einer Schwalbe einen unberechtigten Elfmeter geschunden und führt bis zur 88. Minute 1 zu 0. Am Spielfeldrand klatschen sich schon die Ersatzspieler der Starmannschaft gelangweilt ab, und die zwölf mitgereisten Hooligans in der gegnerischen Kurve wischen sich mit der Fahne ihres geliebten kleinen Vereins symbolisch den Hintern ab. Was tun?

Wer jetzt den Kopf verliert, resigniert, lamentiert, das Zeitspiel des Gegners reklamiert oder den Ball hektisch nach vorne schlägt, wird verlieren. Wie gesagt, runterkommen, cool bleiben. Situation analysieren, die Lücke entdecken. Klappt nicht immer, aber anders klappt's auf gar keinen Fall. Durch Schiedsrichterbeschimpfung hat noch keine Mannschaft ein Spiel gewonnen. Planen Sie zwei kaltblütige Spielzüge, Doppelpass, drin, 1 zu 1 (89.). Und dann noch mal Flanke, das Ei einnicken (90.) und damit das Spiel drehen. 2 zu 1. Schön. Dem Gegner die Hand schütteln, ihn nicht durch hämische Gesten erniedrigen, ihm sein Gesicht und seine Würde lassen. Interview, duschen gehen.

Jetzt muss man sagen: So cool macht's natürlich auch nur halb so viel Spaß, denn dem Coolen tut zwar eine Niederlage nicht so weh, aber im Falle eines Sieges kocht er auch beim Glücksempfinden ja dann nur auf Sparflamme. Stille Genugtuung ist weniger fotogen als herausgeschrieener Triumph, deutsche Abgeklärtheit war natürlich noch nie so beliebt wie mexikanische Heißblütigkeit. Nun war Deutschland aber schon dreimal Weltmeister, Mexiko noch gar nicht. Es mag unpopulär sein, unpoetisch erscheinen, unromantisch und herzlos: Erfolgreich wird derjenige sein, der die Pille leidenschaftslos versenkt. Wem es dagegen lieber ist, den Ball zwar leidenschaftlich, aber statt ins Tor in den tiefschwarzen Nachthimmel zu jagen, das Spiel zu versemmeln und als zweiter Sieger vom Platz zu gehen – bitte schön. Was für den Sport gilt, gilt für alle Bereiche des Lebens. Und die italienische Chansonveteranin Milva hat das alles schon mal in einen Schlager gesteckt. Und im Schlager steckt ja oft die Wahrheit. Aber die Salonsozialistin Milva steht natürlich auf der anderen Seite, auf der Seite Mexikos quasi, der kleinen Leute, der leidenschaftlichen Verlierer, die vor lauter Herzblut eine Lust am Scheitern entwickeln und sich die Niederlage schönreden. Die anderen seien ja bloß blutleere Technokraten, Fußballverwalter, eiskalte Maschinen. Aber bei Milva geht es natürlich nicht um Fußball:

Alles, was du anfängst, machst du mit Bedacht,
Du hast niemals eine schlimme Nacht durchwacht,
Und du hast dich selbst nie ausgelacht, du hast es gut.

Wenn es sein muss, zügelst du gekonnt die Wut,
Du bewahrst im Notfall immer ruhig Blut,
Auch wenn du verlierst, verlierst du nie den Mut,
   du hast es gut!

Hast du's gut – durch deine Art
Bleibt dir so mancher Kummer erspart.
Geht mein Gemüt mir auch gegen den Strich,
Du hast vom Glück nur halb so viel wie ich!

Machen Sie den «Depeche-Mode-Test»

Facebook-Freunde können ja die Pest sein. Da verlinkt ein entfernter Bekannter einen Zeitungsartikel, auf dem die angeblich horrenden Spesenbudgets der einzelnen Bundesministerien für ihre Gästebewirtung aufgeführt werden. Darunter dann als Kommentar «Unverschämtheit! Kein Wunder, dass wir nie mehr aus den Schulden rauskommen. Politiker sind eh alle Verbrecher!»

Ich hingegen werde den Verdacht nicht los, dass bei dem Kollegen die mediale Erzeugung von permanenten Erregungszuständen bestens funktioniert hat, denn der Artikel ist natürlich die reine Verhetzung. Mal ehrlich, der Anteil des Spesenbudgets an der Staatsverschuldung dürfte im Bereich von Promille-Bruchteilen liegen. Außerdem möchte ich doch bitte schön, dass die Gäste eines Bundesministers anständig bewirtet werden. Wie sieht das denn aus, wenn der Bundesaußenminister dem russischen Botschafter kurz vor der Mittagspause sagt, dass das Geld für doppelt Käse auf der Pizza vom Pizza Blitz leider nicht mehr reicht! Bevor man sich also über irgendetwas oder irgendjemanden aufregt, sollte man den «Depeche-Mode-Test» machen: «Try Walking In My Shoes» heißt ein Song von Depeche Mode, und das heißt übersetzt so viel wie: «Versetz dich doch mal in meine Lage!»

Also angenommen, man wäre Politiker und hätte täglich Gäste aus anderen Ländern zu empfangen. Botschafter, Wirtschaftsvertreter, Abgeordnete, Menschenrechtler, wen auch immer. Natürlich ist man da froh, wenn es ein Budget gibt, diesen Menschen ein angemessenes warmes Mittagessen anzubieten, erstens gebietet das schon die Gastfreundschaft, zweitens repräsentiert man das eigene Land dadurch. Und wenn es dumm kommt, ist dieses Mittagessen das Einzige, von dem der Mann aus Usbekistan erzählen kann, wenn er als Pendeldiplomat wieder nach Hause kommt, weil er keine Zeit findet, mal durchs Brandenburger Tor zu schlendern. Und da könnte es doch wahre Wunder wirken, wenn statt Stammessen II mal eine hübsche Seezunge mit Prinzessböhnchen auf den Tisch kommt. Dem Mann aus Usbekistan schmeckt's, der Wirtschaftsauftrag ist in der Tasche, und das alles für 19,95 Euro. Wenn man sich also mal in die Situation eines Bundesministeriums reindenkt, wird aus der vermeintlichen Unverschämtheit auf den zweiten Blick eine durchaus nachvollziehbare Handlung.

Der «Depeche-Mode-Test» funktioniert nicht nur im Spannungsfeld von Presse und Politik, sondern durchaus auch im Privatleben: Wenn man sich, bevor man ausrastet, kurz fragt: Warum verhält sich die Freundin/der Verkäufer/der Kellner jetzt ausgerechnet so und nicht anders, mäßigt man in neunzig Prozent der Fälle den Absolutismus seiner Meinung und wird milde. Die wenigsten Menschen sind wirklich unverschämt, meistens sind sie nur gedankenlos – und oft sogar wohlwollend, aber ungeschickt in der Wortwahl. Warum sollten sie Ihnen auch zu nahe treten, Sie sind doch ein ganz dufter Typ! Also bleiben Sie ein dufter Typ und regen Sie sich nicht auf. Es sei denn, Sie wollen sich unbedingt aufregen und sich dem allgemeinen Erregungsreflex anschließen. Aber damit tun Sie sich keinen Gefallen.

Zügeln Sie Ihre Einbildungskraft

Man kann sich ja alles Mögliche vorstellen: dass man bei der nächsten kleinen Spritztour mit dem Auto einen Unfall baut, aus dem Fahrersitz rausgeschweißt werden muss, mit Blaulicht ins Krankenhaus gefahren wird, um in einer Notoperation gerettet zu werden, sich dabei allerdings mittels einer Blutkonserve mit HIV ansteckt, sodass man den Rest seines Lebens ...

Oder dass die Ehefrau nach der Party mit dem eigenen Chef im Bett landet, wo er erst mit seinen Wurstfingern an ihr rumfummelt und dann langsam anfängt, an ihrem BH zu nesteln, von wo er sich dann weiter vorarbeitet, um schließlich ...

Und dieses taube Gefühl im linken kleinen Finger, und diese Sehstörungen manchmal, sind das nicht sichere Anzeichen für ...

Ja, vorstellen kann man sich vieles. Stopp. Tun Sie's nicht. Es lähmt. Denn im Wort «Einbildungskraft» steckt der Fehler ja schon drin. Die Horrorvorstellungen sind ja nur eingebildet. Hoffentlich.

Beklagen Sie sich nicht

«Ey, Trainer, können Sie dem Podolski mal sagen, er soll aufhören, mich ‹Chancentod› zu nennen?» In dieser Beschwerde stecken gleich zwei Fehler: Erstens könnte der Trainer gerade durch die Klage auf die Idee kommen, Sie wären tatsächlich einer, der jeden Ball fünf Meter vor dem Tor in den Nachthimmel semmelt. Und zweitens geben Sie sich vor Ihren Mitspielern der Lächerlichkeit preis als jemand, der eher zu Mama rennt, um zu petzen, als das Ding unter Männern zu klären. Viel klüger wäre es, den Podolski vor dem Trainer und den anderen Spielern zu loben: wie selbstlos er Sie in Szene gesetzt habe, und wie sehr Sie sich ihm jetzt zu Dank verpflichtet fühlen. Das wird die anderen anstacheln, Sie in Zukunft ebenfalls anzuspielen, um ihrerseits in den Genuss Ihrer öffentlichen Wertschätzung zu kommen. Natürlich müssen Sie irgendwann das eine oder andere Ding dann doch versenken. Sonst enden Sie auf der Ersatzbank.

*Machen Sie vor dem Kampf ein paar
Luftstreiche*

En garde! D'Artagnan springt von außen durch die Fensterscheibe in den Festsaal, steht vor Kardinal Richelieu und zieht den Degen – der Showdown beginnt. Vor Beginn des Kampfs zieht d'Artagnan die Waffe ein paarmal durch die Luft, aus drei Gründen: erstens, um sich aufzuwärmen, sich wieder vertraut zu machen mit dem Gewicht der Waffe und den Eigenschaften ihrer Klinge. Zweitens, um dem Gegner zu demonstrieren, dass man es ernst meint und zu allem bereit ist. Und drittens, um zu beobachten, wie der Gegner reagiert, wenn man auf dessen Flanke zielt. Zuckt er mit der Waffe dorthin, um sich zu verteidigen? Oder merkt er, dass es sich um eine Finte handelt, und bleibt cool mit seiner Waffe, wo sie war?

Übersetzen Sie das Ganze ins richtige Leben, in den Beruf, oder in die Liebe: Machen Sie der Angebeteten ein kleines Testkompliment! Reagiert sie eher reserviert und zurückweisend? Oder fühlt sie sich geschmeichelt und grinst über alle vier Backen? Machen Sie von diesem kleinen Testballon abhängig, ob Sie ins Vollrisiko gehen und den Brillantring bestellen! Bedenken Sie: Viele Frauen schätzen es gar nicht so sehr, wenn man Vollgas gibt – das erweckt den Verdacht der Unverhältnismäßigkeit, die sich später nicht mehr steigern lässt. Aber dann wiederum gibt es Frauen, die lieben es, dass man sie umschmeichelt und ihnen den Hof macht. Muss man halt durch ein paar Luftstreiche rausfinden!

Gunter Sachs wird sich seiner Sache auch schon recht sicher gewesen sein, als er 1966 einen Hubschrauber bestellte, der 1000 rote Rosen auf das Anwesen von Brigitte Bardot abwerfen ließ. Wäre ja auch ein bisschen peinlich gewesen, wenn sie zum Beispiel schon einen Freund gehabt hätte. Besser, man erkundigt sich beizeiten. Diese Art von Luftstreich sollte man vorher allemal tun und auskundschaften, ob es da bereits einen Mann gibt, der eventuell gerade im Garten den Rasen mäht, wenn der Helikopter anrauscht.

Oder wollen Sie eine Gehaltserhöhung? Nun, lassen Sie sich zwei-, dreimal weit nach Dienstschluss im Büro bei «wichtiger Arbeit» erwischen. Schicken Sie E-Mails an Ihren Chef mit der automatischen Versendefunktion um 22 Uhr 03 ab! Natürlich nur, wenn Sie tatsächlich viel zu tun haben – andernfalls käme Ihr Chef eventuell auf die Idee, Sie bekämen schon Ihr jetziges Pensum nicht auf die Kette. Denken Sie strategisch, bereiten Sie Ihre Aktionen vor und haben Sie Geduld – Timing ist die halbe Miete, mein Freund!

Lernen Sie zu vergessen

Das Gedächtnis ist ja ein nerviger Geselle: Es lässt uns im Stich, wenn wir es am meisten brauchen, und es kommt angehechelt, wenn's gerade gar nicht passt.

Vergessen können – das hat oft mehr mit Glück als mit Anstrengung zu tun, denn die Mühe, etwas vergessen zu wollen, führt zum Gegenteil: nämlich dazu, dass man sich nachts im Bett schwitzend umherwälzt und an nichts anderes mehr denkt. Dummerweise quält einen die Erinnerung ja ausgerechnet am meisten mit den Sachen, die einem besonders peinlich sind. Dabei sollte man gerade die natürlich am zügigsten vergessen. Es hilft ja nichts, wenn man jahrelang darüber nachgrübelt, was aus einem hätte werden können, wenn man damals vor dem versammelten Gastronomievorstand statt der PowerPoint-Präsentation «Sushi-Bar» nicht versehentlich die Privatfotos aus der «Uschi Bar» hätte laufen lassen.

Aber was tun? Erste Idee: Alkohol. Schon der griechische Dichter Homer wusste um die vergessensverstärkende Wirkung von Drogen: Odysseus trifft auf das Volk der Lotophagen und schickt zwei Matrosen an ihren Strand. Die werden von den Lotophagen freundlich empfangen und mit Lotusfrüchten bewirtet. Die Früchte haben eine so berauschende Wirkung, dass die Seeleute alles vergessen: ihre Heimat, ihr Schiff, auch den Zweck ihrer Landung. Scheint also zu funktionieren. Damals zumindest, mit den Lotusfrüchten. Aber was den Alkohol heute betrifft, so sind Sie natürlich klug genug, um zu wissen, dass diese Lösung schnell andere Probleme auf den Plan ruft.

Zweite Idee: Überschreiben. Schon der Römer Ovid wusste, dass das beste Mittel, um eine verflossene Liebe zu vergessen, sich neu zu verlieben ist. Das gilt auch woanders: Peinliche Niederlagen macht man am besten durch heroische Siege ungeschehen. Nur dumm, dass im Kollegenkreis jede Peinlichkeit natürlich zehnmal länger lebt als eine Heldentat. So heroisch können Sie gar nicht sein, dass nicht noch Jahre später die eine oder andere peinliche Anekdote wieder auf den Tisch kommt.

Das beste Mittel, Dinge zu vergessen, für die Sie sich schämen, geht so: Lernen Sie, die Peinlichkeiten des Lebens einfach nicht so schwerzunehmen. Pfeifen Sie drauf! Je schneller Ihnen die Blamage von gestern egal ist, desto eher vergessen Sie sie. Was aber nicht heißt, dass Sie aus den Fettnäpfchen nicht lernen sollen! Versuchen Sie, nur den peinlichen Teil der Sache zu vergessen, sich aber an die lehrreiche Dimension durchaus zu erinnern. Sagen Sie sich, dass die Peinlichkeit einfach nötig war, damit Sie daraus lernen konnten. Das gelingt aber nur mit dem Egaltrick. Sie können dann noch an die Schmach denken, aber es tut nicht mehr weh. Jedenfalls nicht mehr so doll.

Machen Sie mit – aber nur, soweit es der Anstand erlaubt

Ja, es gibt sie, die Lose-lose-Situationen. Auf der Weihnachtsfeier wird eine Riesenpolonaise zum Pur-Megamix veranstaltet – und alle machen mit: «Lena», «Ich lieb dich, egal wie das klingt» und «Hör gut zu, du bist mein Glück». Jetzt stehen Sie vor der Entscheidung.

Entweder bleiben Sie alleine an der Theke stehen und signalisieren damit, dass Sie die Kollegen für widerwärtige Trottel halten, die sich schon nach wenigen Bieren benehmen wie Paviane auf dem Affenfelsen, während Sie der einzige Mensch sind, der in diesem Haufen noch seine fünf Sinne beisammenhat. Oder aber Sie machen mit und signalisieren damit Ihrerseits den Leuten an der Theke, dass Sie ein Trottel sind, der sich schon nach wenigen Bieren aufführt wie ein Pavian und seine fünf Sinne nicht mehr im Griff hat. Beides unklug.

Intuitiv empfinden Sie vermutlich wie jeder anständige Mensch bei der Musik von «Pur» einen adrenalingesättigten Fluchtreflex. Wie eine verletzte Gazelle, die von einer Horde Hyänen umkreist wird. Daher mein Tipp: Fliehen Sie vor den tanzenden Hyänen erst mal aufs Klo. Dort werden Sie auf Gleichgesinnte treffen. Einmal im Klo eingeschlossen, können Sie sich die Schweißtropfen von der Stirn wischen, runterkommen und einen neuen Plan fassen. Allerdings dauert der Pur-Megamix neun Minuten dreißig – irgendwann wird also jemand gegen die Tür hämmern. Sollten Sie vor dem Ende wieder zurück in den Saal müssen, führt kein Weg dran vorbei: Am besten, Sie reihen sich unauffällig in der Polonaise ein, aber nicht ganz vorne und, wenn's geht, bitte nicht oben ohne.

Handeln Sie stets, als würden Sie gesehen

Im Auto fühlt man sich ja oft unbeobachtet, weil das Auto ein geschlossener Raum ist. Aber dieser Raum hat Fenster! Eigentlich erstaunlich, dass man darauf überhaupt hinweisen muss. Aber die Zähne auf Spinatreste untersuchen oder in der Nase popeln – das sollte man im Auto lieber unterlassen und auf später verschieben. Trotzdem muss man unfreiwillig derlei unerfreuliche Szenen immer wieder mit ansehen. Aber die Regel gilt ja auch für zu Hause! Auf dem Klo! Beim Sex! Beim Verschlingen eines Doppel Whoppers mit Käse! Wie soll man also stets handeln, als ob man beobachtet würde – wo man doch manchmal eben Sachen machen *muss*, bei denen man lieber ungestört ist. Man kann ja nicht auf dem Klo sitzen und gleichzeitig der zuschauenden Menge huldvoll winken!

Gemeint ist etwas anderes. Man weiß halt nie, ob einen nicht doch einer beobachtet, auf dem Klo, beim Sex, beim Verschlingen eines Doppel Whoppers: durchs Schlüsselloch, durch eine Überwachungskamera oder durchs Fenster aus dem Nachbarhaus. Wenn Sie beim Blumengießen im Büro mit Ihren Blumen sprechen und dabei beobachtet werden, könnte es sein, dass es nix wird mit der Beförderung. Also, ich finde diese Regel extrem anstrengend. Aber ich war ja auch nie Kandidat bei «Big Brother».

Machen Sie den Sack zu

Es gibt Menschen, die überwinden verbissen jede Hürde, um dann kurz vor dem Ziel zu vergessen, locker über die Linie zu traben. Haben Sie ein paar selbstgeschriebene Gedichte in der Schublade, trauen sich aber nicht, sie einem Verlag anzubieten? Sind Sie schon einmal in der Silvesternacht wild entschlossen gewesen, mit dem Rauchen aufzuhören, haben bis Februar durchgehalten – und dann kam der Karneval? Haben Sie schon mal Pinsel, Farben, Leinwand und Staffelei gekauft, um ein Bild zu malen – und seitdem vergammelt das Zeug im Keller? Unvollendete Projekte, Pläne, Vorsätze kennt jeder. Dazu sollte man sich zwei Fragen stellen: Wenn das Projekt gut ist – warum wird es nicht zu Ende geführt? Und wenn das Projekt schlecht ist – warum wurde es angefangen?

Seien Sie konsequent. Und nicht wie ein schlechter Jäger, der tagelang den Fuchs bis zu dessen Erschöpfung jagt, um ihn dann aus eigener Erschöpfung in letzter Sekunde im Unterholz entwischen zu lassen!

Die Kunst, in Zorn zu geraten

Eigentlich soll man ja gar keine Wutausbrüche haben. Sanftheit, Besonnenheit und Umsicht sind Tugenden der Könige! Nun sind aber die wenigsten von uns in der glücklichen Position, König zu sein. Und wenn jemand Ihnen das Wasser abgräbt, Sie für dumm verkaufen will oder schlicht und einfach verarscht, dann hat ein kontrollierter Wutausbruch noch nie geschadet. Der Haken liegt allerdings in der widersprüchlichen Formulierung – ein «kontrollierter Wutausbruch»? Wenn einem erst der üble Saft in den Kopf geschossen ist, wie soll man sich dann noch kontrollieren?

Wenn Sie merken, dass Sie einen dicken Hals bekommen und Sie auszurasten drohen, machen Sie sich klar, *dass* Sie sauer sind. So können Sie Schlimmeres verhindern! «Sie stinkende Suppenschildkröte, Sie alte Brunzplunze, vertrocknete Brotspinne, Sie sind ja zu doof, um einen hungrigen Hund zum Napf zu führen!» ist vielleicht übertrieben, nur weil Ihnen eine ältere Dame mit Hollandrad die Vorfahrt genommen hat. Ihr Beifahrer wird Sie fassungslos anstarren und sich fragen, wem er da gerade sein Leben anvertraut hat, indem er Sie ans Steuer gelassen hat. Wenn Sie sich aber klarmachen, *dass* Sie gerade sauer sind, haben Sie schon ein Stück Ihrer Kontrolle zurückgewonnen: Ein kontrolliertes «Weg da, du dumme Kuh!» tut's dann auch. Setzen Sie Ihren Zorn dosiert ein! Wenn jemand schon die Kontrolle über *sich* verliert, wie soll er dann die Kontrolle über die *Dinge* behalten?

Halten Sie die Erwartung rege

«Ich gebe immer alles, zu hundert Prozent» oder, noch besser, «ich gebe immer alles, zu hundertzehn Prozent» – das ist so ein Standardsatz von Tennisspielern und Castingshow-Kandidaten. Schlimm! Und falsch! Geben Sie höchstens fünfundachtzig Prozent! Denn was, wenn Sie vorher laut rausposaunt haben, immer hundert Prozent zu geben – und Sie verlieren das Spiel? Oder die Leistung wird als nicht hinreichend bewertet? Dann haben Sie nichts mehr dazuzugeben! Oder Sie stehen, wenn Sie doch noch was in der Hinterhand haben, als Lügner da, der vorher behauptet hatte, das wären schon hundert Prozent gewesen – und dann war doch noch mehr drin! Egal, ob im Tennismatch, beim Casting oder im Job: Wenn Sie nur fünfundachtzig Prozent gegeben haben, können Sie vor sich selbst vertreten, dass zumindest theoretisch das sechsundachtzigste Prozent gereicht hätte, um alle happy zu machen oder zu gewinnen.

Vor anderen sollten Sie über Ihren Reservetank natürlich schön die Klappe halten – denn wenn Sie schon vorher ankündigen, nur fünfundachtzig Prozent zu geben, wird man missmutig und unzufrieden reagieren. Eventuell wird man sogar beginnen, Ihre *ganze* Arbeitsleistung einzufordern, weil man ja bereits weiß, dass Sie noch ein paar Pfeile im Köcher haben! Wenn Sie aber der Hundert-Prozent-Typ sind, kann es sein, dass das Ihr letzter Auftritt war. Denn wenn die hundert Prozent nicht das waren, was Ihr Gegenüber sich vorgestellt hat, sind

Sie verbranntes Fleisch. Also: Klappe halten über Ihre Kapazitäten!

Es muss natürlich allen klar sein, dass Ihre fünfundachtzig Prozent allemal mehr sind als die hundert Prozent der anderen – Exzellenz ist unabdingbare Voraussetzung! Der Stabhochspringer Sergej Bubka war so ein exzellenter Kerl: Dass er besser war als alle anderen, wusste er – und alle anderen wussten es auch. Er konnte es sich also leisten, immer nur so viel zu geben, wie es reichte, um gerade so den neuen Weltrekord aufzustellen. Warum beim ersten Weltrekord alles geben, wenn man doch vierzehn Weltrekorde hinlegen und jedes Mal die Rekordprämie kassieren kann? Also ließ er die Latte immer nur einen Zentimeter höher legen, sprang drüber und beendete den Wettkampf, obwohl er vermutlich wusste, dass er noch weit höher springen konnte. Lernen Sie von Sergej Bubka!

Wobei Sie im Nachhinein immer zumindest andeuten sollten, dass da eventuell beim nächsten Mal *noch* mehr drin ist – egal, ob bei Unzufriedenheit oder ob bei exquisiter Leistung und allgemeiner Zufriedenheit. Bei Unzufriedenheit auf der anderen Seite machen Sie deutlich, dass Sie aus dem aktuellen Projekt viel gelernt haben und dankbar für diese Erfahrung sind (selbst wenn Sie jeden Abend im Strahl hätten kotzen können!). Bei allgemeiner Happiness erzählen Sie, dass das Projekt Sie so inspiriert habe, dass Sie am liebsten gar nichts anderes mehr machen möchten. Das Ganze sollte am besten per Telefon stattfinden – dann kann man Ihre gekreuzten Finger hinterm Rücken nicht sehen!

Seien Sie geistesgegenwärtig

Don Draper, der Kreativdirektor der Agentur Sterling Draper Pryce aus der hervorragenden amerikanischen Serie «Mad Men», hat's leicht: Jedes Mal, wenn er seinen Kunden ein neues Projekt vorstellt, tritt er mit einer solch überzeugenden Brillanz, Souveränität und noch dazu blendendem Aussehen auf, dass den zuvor skeptischen Kunden vor Staunen die Kinnlade runterklappt – den männlichen vor Staunen und den weiblichen vor erotischem Interesse.

Sehen wir den Tatsachen ins Gesicht: Sie sind kein Don Draper, ich bin kein Don Draper. Wenn wir in die Verlegenheit kommen, einen öffentlichen Vortrag halten zu müssen, brauchen wir Vorbereitung. Vermutlich braucht Don das auch, seine Reden wirken allerdings wie aus dem Stegreif, zumal er auf überraschende Nachfragen spontan ähnlich souverän reagiert. Wenn Sie sich vorher für irgendetwas einen Plan machen – lernen Sie ihn nicht auswendig! Ihre Rede würde entsprechend wirken – nämlich wie auswendig gelernt. Sie sind ja keine Lokomotive, die, einmal auf die Schiene gesetzt, losstampft und weder rechts noch links schaut. Legen Sie sich einen groben Leitfaden zurecht, machen Sie sich über mögliche Nachfragen und Kritik Gedanken – so können Sie flexibel die Reaktionen des Gegenübers beantworten, elegant ausweichen, Einwände des Gegners aufnehmen und entkräften. Natürlich müssen Sie am Ende den Ball einlochen – aber halten Sie sich immer genug Kapazität frei für den überraschenden Pass! Dazu bedarf es einer gewissen Lockerheit und eines wachen Verstands – Ihr Sportgerät sei der Basketball und nicht die Langhantel. Die Jungs im Fitnessstudio mit dem hohlen Blick wirken ja nicht von den Anabolika so dumm, sondern vom Eisenstemmen. Beim Sport brauchen sie nur tunnelblickmäßig auf ihre Eisenstange zu stieren – die Fähigkeit, wach und flexibel zu reagieren, trainieren sie sich mit jedem gestemmten Kilo mehr ab. Deren Kraft geht nur in eine Richtung, aber Wendigkeit ist besser. Seien Sie Don Draper, nicht Ralph Moeller!

*Der Kluge und der Dumme tun das Gleiche –
aber der Kluge tut es beizeiten
und der Dumme zu spät*

Kenner nennen sie die Lothar-Matthäus-Regel. Lothar Matthäus entdeckt ein hübsches Mädchen – folgende Parameter: achtzehn Jahre alt, Staatsangehörigkeit irgendwas aus dem ehemaligen Warschauer Pakt, Louis-Vuitton-Tasche, Ed-Hardy-T-Shirt. Er guckt hin. Er lächelt sie an. Sie lächelt zurück. Lothar ist fünfzig Jahre alt – warum lächelt die Achtzehnjährige zurück? Wahrscheinlich findet sie ihn attraktiv, wer weiß. Also spricht er sie an, sie spielt scheues Reh, er geht langsam steil und will den tödlichen Pass spielen. Das Weibchen ziert sich, signalisiert aber Paarungsbereitschaft, für demnächst. Und jetzt zappelt Lothar am Haken: Einladung zum Wochenende in Kitzbühel, Nerzmantelgeschenk, zärtliche Küsse, Disconächte im P1, Blicke anderer Männer, öffentliches Rumgeknutsche auf der Wiesn, Heiratsantrag, Las Vegas, Brillantring, eigene Kreditkarte, Ehealltag. Schnell erste Unzufriedenheit mit Lothars Lebensführung (abends auch mal zu Hause DVD gucken, immerhin ist er fünfzig), erster Streit, sie geht alleine aus, lernt einen Fünfundzwanzigjährigen kennen («nur ein Bekannter!»), Eifersuchtsdramen, Teller fliegen, öffentliche Schlägerei mit Fotos in der BUNTEN, Versöhnung, wieder Streit, Scheidung, mehrere Millionen Euro übern Deister, er sucht sich die Nächste. End of Story.

Jetzt der Kluge mit fünfzig: Er sieht ein hübsches Mädchen – folgende Parameter: achtzehn Jahre alt, Staatsangehörigkeit irgendwas aus dem ehemaligen Warschauer Pakt, Louis-Vuitton-Tasche, Ed-Hardy-T-Shirt. Er lächelt sie an und sucht sich eine andere Frau. End of Story.

Vom Tintenfisch lernen heißt siegen lernen

Wohin Sie auch schauen: Pokerstars.de, Die Große TV Total Pokernacht, Partypoker.com – gibt es dort irgendeinen, der mit offenen Karten spielt? Versuchen Sie's doch mal, es geht garantiert in die Hose!

Bei einem miesen Blatt können Sie nicht mitgehen, denn jeder Ihrer Gegner weiß: Mit dem Blatt zieht der Kollege keinen Hering vom Teller. Oder aber Sie haben einen Royal Flush: Dann kassieren Sie nur den Grundeinsatz, denn alle anderen werden beizeiten aussteigen. Schade drum. Mit offenen Karten spielen hat also keinen Sinn. Das ist übrigens auch der Grund, warum das Kartenspiel im achtzehnten Jahrhundert so verpönt war: nicht etwa, weil es eine Glückssache ist und man sein gesamtes Geld damit verjuxen kann, sondern weil es den Grundsätzen der Aufklärung widerspricht: Ehrlichkeit, Transparenz, Offenheit. Machen Sie sich aber nichts vor, Aufklärung hin, Aufklärung her – das Leben ist nun mal ein Kartenspiel, und es spielt nicht nach Ihren Regeln, ob Sie wollen oder nicht: Es gibt vier Farben (für die vier Jahreszeiten) zweiundfünfzig Karten (so viel wie Wochen im Jahr), dreihundertfünfundsechzig Punkte (so viel wie Tage im Jahr, wenn man einen Joker mitzählt). Und reichlich Frauen, Spitzbuben, Könige. Das Kartenspiel ist eine Metapher fürs Leben! Und nur, weil Bibel-Barde Bruce Low («Das Kartenspiel») das auch behauptet, muss es noch lange nicht falsch sein. Also gilt auch fürs Leben: Lassen Sie sich nicht in die Karten gucken!

So – und was hat der Tintenfisch damit zu tun? Nun, wenn es beim Tintenfisch ums Ganze geht, verspritzt er seine Tinte, um das Wasser zu verdunkeln. Und niemand kann erkennen, dass er noch ein Ass in einem seiner acht Ärmel hat. So wird's gemacht!

Bringen Sie bittere Wahrheiten schonend bei

Die berühmte amerikanische Philosophin Taylor Swift behauptet in einem Song: «Baby, Don't You Break My Heart Slow!» Sie ist also dafür, dass man ihr nicht langsam das Herz bricht, sondern die bittere Wahrheit direkt vor die Füße knallt, also ungefähr so: «Es ist aus, Schätzeken! Ich habe dich eh nie geliebt. Du warst nur ein Abenteuer, ich hab jetzt was mit Miley Cyrus, die ist hübscher, netter und hat eine bessere Figur!» Oder so. Das hat, so glaubt Taylor, einen Vorteil: Wer so was sagt, entpuppt sich als ein derartiges Charakterschwein, dass das Mädchen den Verlust relativ schnell verkraften wird und sich höchstens fragt, wie es überhaupt passieren konnte, an so einen Vollpfosten geraten zu sein.

Taylor Swifts Kollegin Aretha Franklin ist gegensätzlicher Meinung: «Break It To Me Gently – Let me Down The Easy Way!» Und ganz ehrlich: Aretha hat recht. Dass die eigenen Illusionen zerstört werden, ist eine der bittersten Erfahrungen – es kann nicht schaden, sie ein klein wenig zu versüßen. Zumindest zu dämpfen. Durch scheibchenweise Dosierung, durch freundliche Worte oder durch ein paar Krokodilstränen. Nicht nur, weil Sie selbst im Anschluss daran besser dastehen, sondern auch, weil man dem ohnehin schon angekratzten Ego von Taylor Swift ja nicht noch unter die Nase reiben muss, dass Miley sowieso die schärfere Braut ist.

Natürlich sollen Sie nicht um den heißen Brei herumreden, aber eine etwas diplomatischere Formulierung als die oben gewählte wäre vielleicht charmanter. Ist natürlich schwer, ich weiß: «Ich bin mir nicht sicher, ob ich der Richtige für dich bin», «Irgendwie passen wir nicht zusammen», «Ich habe gemerkt, dass ich mehr Zeit für mich brauche», sind da zwar erprobte, aber auch irgendwie bescheuerte Formulierungen. Aber Schlussmachen ist eh ein Feld, auf dem es keinen Blumentopf zu gewinnen gibt: Unbeliebt machen Sie sich eh, insofern egal. Aber man muss es ja nicht schlimmer als nötig machen. Enttäuschungen zu vergolden ist eine Kunst!

Übertreiben Sie nicht

Hey, ich meine, das weiß doch jeder: Eine Flasche Aperol mit der entsprechenden Menge Sekt pro Abend und Nase – das ist zu viel. Sie werden sich am nächsten Tag an den Kopf fassen und jammern: «Ach, hätte ich's doch gestern bloß nicht so doll getrieben!» Aber da die Auswirkungen dieser Übertreibung unmittelbar körperlich zu spüren sind, kann jeder selbst entscheiden, ob er sie – und wenn ja, wie oft – seinem geschundenen Körper zumuten mag. Die Ratgeber hierfür holen Sie sich allerdings besser in der medizinischen Abteilung der Buchhandlung Ihres Vertrauens. Interessant ist es aber mit der verbalen Übertreibung: Wie beim Alk liegt deren Nachteil darin, dass einem irgendwann das Gefühl fürs Angemessene flitzen geht. Ihr Gegenüber merkt das, reagiert skeptisch und wird Ihre Aussage auf Herz und Nieren prüfen wollen. Wenn Sie nämlich nassforsch behaupten, Sie hätten gerade «die härteste Dschungelprüfung aller Zeiten und aller, die noch kommen» hinter sich gebracht, wird man Sie für morgen wieder in die Prüfung wählen – einfach, um zu beweisen, dass es doch noch schlimmer kommen kann!

Der Superlativ ist gefährlich, aus drei Gründen: Erstens – er tritt der Wahrheit oft zu nahe. Was, wenn gestern Abend eben *nicht* der «geilste Typ aller Zeiten» an der Bar gesessen hat, wie Sie zunächst glaubten, sondern einer, der sich am nächsten Tag als übler Aufreißer entpuppt? Was, wenn auf der CD «Die größten Hits aller Zeiten» zwei Songs der Pfeifen von «Overground» und den «Preluders» drauf sind? Zweitens geht Ihnen schnell das Handwerkszeug aus: Was, wenn am folgenden Abend ein viel netterer, besser aussehender und reicherer Mann an der Theke seinen Martini süffelt? Was, wenn auf «geil» nur noch «megageil», «gigageil» und «terageil» folgen kann? Dann haben Sie sich aus der Gemeinschaft der Menschen mit einem ernstzunehmenden Urteil verabschiedet. Und das ist die dritte Folge: Sie stehen da als ein Mensch von beschränkten Kenntnissen und beschränktem Geschmack. Denn wenn für Sie ein Song von «Overground» zu den «Größten Hits aller Zeiten» gehört, dann wird man sich zwangsläufig fragen: Was alles haben Sie in Ihrem Leben denn *noch* falsch gemacht?

Wenn Sie vor der Wahl stehen, untertreiben oder übertreiben zu müssen, wählen Sie bitte die Untertreibung. Es ist meist der kleinere Fehler. Das stimmt. Und zwar zehntausendmegaprozentig!!!!!!!!!!

Bleiben Sie zugänglich

Ja, schon klar. Sie wissen, wo der Barthel den Most holt, der Frosch die Locken hat und wie der Hase läuft. Ihnen macht so schnell keiner was vor. Sie sind weit gekommen und haben immer eine Handbreit Wasser unterm Kiel. So viel können Sie nicht falsch gemacht haben in Ihrem Leben! Herzlichen Glückwunsch! Viele Menschen, die «es» geschafft haben, verfügen über Monsteregos, die es hassen, wenn man ihnen reinredet, weil sie genau wissen, was sie wollen und wer sie sind. Ich mag das, weil diese Menschen ein präzises Bild von sich haben: von dem, was sie können – aber auch davon, was sie nicht können.

Dennoch: Die Weisen unter ihnen verschließen sich trotz der präzisen Kenntnis ihrer eigenen Person nicht und bleiben zugänglich für Ratschläge, Hinweise oder gar Kritik. Das ist gar nicht so einfach, denn je erfolgreicher jemand ist, desto mehr Einflüsterungen und Fallstricken ist er ausgeliefert. Man neigt dazu, irgendwann den Kopp zuzumachen und nur noch auf sich selbst zu hören. Denn wie bekommt man raus, ob der Berater nicht in eigener Sache spricht? Oder, noch schlimmer, in der eines anderen? Oder, am schlimmsten, einfach nur schlechte Hinweise gibt? Denn dann muss man nicht nur die eigenen Entscheidungen abwägen, sondern auch noch die des Beraters filtern. Und die des Beraters des Beraters etc.

Nur die Besten haben noch die Kapazität, sich offenzuhalten und nicht zu verhärten. Dazu braucht es Vertrauen und eine weiche Seite, die natürlich immer auch Angriffsfläche bietet. Aber das ist eine Stärke, keine Schwäche. Gehören Sie zu diesen Besten! Sie sind ein Mensch, keine Maschine.

Auch nicht verkehrt:
Gründlichkeit und Tiefe

Wenn Sie schon einmal in Venedig waren und mit dem Vaporetto der Linie 1 den Canal Grande zwischen Markusplatz und Rialtobrücke rauf- und runtergefahren sind, dann werden Sie die grandiosen Palazzi auf beiden Seiten bewundert haben. Oder, genauer gesagt, Sie werden die Fassaden der grandiosen Palazzi bewundert haben. Denn einige dieser Paläste stehen leer. Dahinter sind nur leere Räume, und der nasse Kalk bröckelt von den morschen Innenwänden.

Es gibt Menschen, die ähneln diesen Palazzi. Sie treten auf mit Grandezza und begrüßen Sie munter, tänzelnd wie ein junges Pferd. Sie strahlen in die Runde und erleuchten den Raum mit ihrer Aura. In Erwartung mindestens eines anregenden Gesprächs gesellen Sie sich zu dieser Person – und merken nach der ersten Frage, wie das hübsche Ding in sich zusammenfällt. Nach der Antwort auf Ihre zweite Frage wissen Sie dann Bescheid: Dahinter sind nur leere Räume, der nasse Kalk bröckelt von den morschen Wänden.

Die Überzeugung, dass ein schönes Äußeres auch eine schöne Seele birgt, ist ein Erbe der Aufklärung. Die Physiognomie des 18. Jahrhunderts versucht, vom Aussehen des Menschen auf seinen Charakter zu schließen. Wir wissen, dass das Unsinn ist. Und trotzdem fallen wir immer wieder drauf rein. Doof! Aber diese Palazzi-Menschen haben es ihrerseits auch nicht leicht. Sie merken ja, wie sie zunächst auf andere wirken, und dann bekommen sie es mit der Angst, wenn die anfängliche Begeisterung einer etwas betretenen Nüchternheit weicht. Wenn Männer dieses Defizit an sich selbst bemerken, versuchen einige, sich durch grüblerische Tiefe den Anstrich eines gedankenschweren Menschen zu geben. Das ist der Ralf-Bauer-Effekt: Der sieht gut aus und lässt keine Gelegenheit aus, auswendig Gedichte aufzusagen, um bloß nicht den Eindruck zu erwecken, er sei hohl. Bei Frauen sieht es anders aus – viele Männer können über einiges hinwegsehen, wenn die Oberweite stimmt. Was drinsteckt – egal.

*Die eine Hälfte der Welt lacht
über die andere*

Der Strand ist ja ein Paradies für Klischees: Tatsächlich liegt da ein rothaariger tätowierter Teenager aus England in der prallen Sonne, die ManU-Badehose spannt um die krebsroten Hüften, die sonnenverbrannte Haut hängt in Fetzen von den Schultern. Statt in Lichtschutzfaktor 30 hat er sein ganzes Geld in Bier investiert. Er ist betrunken, warum auch nicht, ist ja sein Jahresurlaub. Kichernd stupst ein deutscher Beobachter seine Frau an, guck mal, hihi, der braucht heute Abend Viagra! Warum, fragt die Frau, hilft das gegen Sonnenbrand? Nein, kichert ihr Mann, aber es hält zumindest die Bettdecke vom Körper fern, bruaha!

Der Engländer hingegen hat noch Durst. Er holt an der Strandbar eine Runde für alle und hält kurz inne, als er das deutsche Pärchen entdeckt, das im strandgemäßen Partnerlook auf einer Isomatte sitzt und ihn anstarrt, korrekt in Popelinejacke, er mit Pepitahütchen, sie mit verwegenem Kopftuch. Beide haben sich selbstverständlich mit Sunblocker eingerieben, den man auf der Nase natürlich auch noch sieht – lieber hässlich als verbrannt.

Guck mal, sagt der Engländer zu seinen Kumpels: Wie öde und spaßbefreit die rumliegen! Warum gehen die an den Strand? Die sind doch nur zum Reklamieren hergekommen, nicht zum Spaßhaben!

Jeder ist immer der Spießer des anderen, und das gilt überall: Ist derjenige ein Spießer, der sich für Ehe, zwei

Kinder, Reihenhäuschen, Golden Retriever und Toskanaurlaub entschieden hat? Oder eher derjenige, der damals aus Schwaben nach Kreuzberg gezogen ist, um sich vor dem Wehrdienst zu drücken, noch mit fünfzig in einer WG wohnt, seine linken Vorurteile pflegt und auf alle Zugezogenen schimpft, bloß weil sie *nach* ihm nach Berlin gezogen sind? Ich weiß schon, Sie gehören zu keiner dieser Gruppen. Ich natürlich auch nicht. Aber auch bei uns beiden Hübschen wird es Leute geben, die Ihnen und mir Spießertum vorwerfen würden. Und wissen Sie, was? Es ist wurschtegal. Ihre Zufriedenheit, Ihr Glück oder gar Ihre Vollkommenheit hängen nicht von der Kritik Einzelner ab. Und selbst wenn das Reihenhäuschen einerseits oder die halbe BAT IIa-Stelle im Grips-Kinderladen andererseits Fehler waren: Es gibt keinen Fehler, der nicht seine Liebhaber fände. Allerdings sollten Sie auch nicht eitel werden, wenn Sie von einigen Seiten Beifall für Ihre Entscheidungen bekommen: Das Kreuzberger Biotop schmort genau wie die Reihenhaussiedlung im eigenen Saft und bestätigt sich die eigene Großartigkeit immer wieder selbst. Über die tatsächliche Großartigkeit ist damit aber noch nichts gesagt! Wir sind alle nur Narren, die die anderen Narren auslachen.

Irgendwann ist auch mal Schluss mit lustig

Kurz vor der Konferenz tippt Ihnen jemand von hinten auf die linke Schulter. Als Sie sich umdrehen, ist da keiner, stattdessen steht plötzlich Schulz aus dem Controlling neben Ihnen – allerdings rechts, und er lacht sich scheckig über seinen gelungenen Scherz. Dann zeigt er Ihnen seinen neuen Anzug. Als Sie sich vorbeugen, um seine Fliege gebührend zu bewundern, spritzt er Ihnen daraus Wasser ins Gesicht. Späßle gemacht! Zur Versöhnung reicht Schulz Ihnen die Hand. Als Sie danach greifen, zieht er die Hand schnell zurück und macht Ihnen eine lange Nase. Dann nehmen Sie Platz und sind nur wenig überrascht, dass Schulz Ihnen, prrrffffzzzz, ein Furzkissen auf den Stuhl gelegt hat. Hat dieser Mann Ihren Respekt? Nein.

Verstehen Sie mich nicht falsch: Ein gut platziertes Furzkissen zur rechten Zeit kann wahre Wunder wirken und selbst den UN-Sicherheitsrat auflockern. Aber auf die Dosis kommt es an. Nicht umsonst heißt das griechische Wort für «Arznei», *pharmakon*, gleichzeitig auch «Gift». Wer sich durch Überdosierung seines Humors an die Mitmenschen den Ruf erwirbt, ein witziger Kopf zu sein, aber um den Preis, nicht mehr alle Murmeln im Regal zu haben, der hat von seiner Witzigkeit nicht viel.

Besitzen Sie Anziehungskraft

Anziehungskraft ist eine Ware. Diese zwar ernüchternde, aber leider wahre Erkenntnis lässt sich gut beobachten, wenn der Zug Verspätung hat und man in der Bahnhofsgegend einer beliebigen Großstadt durch die Seitenstraßen bummelt und die Augen aufmacht. Jedes Freudenmädchen im Schaufenster des billigsten Straßenbordells weiß darüber Bescheid. Alle setzen ihre Reize ein, so gut sie können. Meist allerdings viel zu direkt und platt. Was im Bahnhofsviertel bei der einschlägigen Kundschaft noch funktionieren mag, erfordert im echten Leben die finessenreichere Variante. Hier ist das Geheimnis: Setzen Sie Ihre Reize zum Erwerb der Zuneigung des anderen, nicht aber zum Erwerb konkreter Vorteile ein. Denn mit der Zuneigung kommen die Vorteile dann von alleine.

Das Beispiel des Freudenmädchens illustriert das eigentlich ganz gut: Wenn Rosemarie Nitribitt den Wirtschaftswunderboss nur anlächelt, um ihm 100 D-Mark aus der Tasche zu ziehen, gibt ihm das kein gutes Gefühl. Wenn sie ihm aber den Eindruck vermittelt, er sei der tollste Typ seit Lex Barker, dann spendiert er ihr vielleicht einen Opel Kapitän (natürlich nur, wenn er es sich leisten kann). Ich wusste, dass Sie das verstehen – ich bewundere Sie für Ihre Klugheit! Ach, das haben Sie bestimmt ohnehin schon gewusst, so schlau, wie ich Sie kenne! Und wenn Sie mir die Bemerkung erlauben, Sie sehen heute wieder verdammt gut aus!

Besitzen Sie die Erfordernisse des Lebens doppelt

Machen Sie Sicherungskopien! Jeden Abend die Arbeit des Tages irgendwo zu sichern, ist lästig, macht keiner. Sollte man aber tun. Sie haben zwei Arme, zwei Beine, zwei Augen und zwei Ohren. Für den Fall, dass Ihnen eins dieser Körperteile abhandenkommt, haben Sie zur Not immer noch ein zweites. Praktisch!

Machen Sie sich nicht abhängig von einer einzigen Sache. Unterfüttern Sie die Motivation Ihres Handelns mit doppeltem Boden. Was Sie wollen, ist meist ziemlich zerbrechlich, und die Durchsetzung liegt in den wenigsten Fällen allein in Ihrer Hand. Wenn Ihnen das eine wegknickt, bleibt dann aber immer noch das andere: Sehen Sie zu, dass Sie einen Job bekommen, der gut bezahlt ist *und* Sie nach vorne bringt. Wenn Sie den Job mal verlieren, haben Sie wenigstens eine bezahlte Fortbildung inklusive einen Haufen Erfahrungen hinter sich. Heiraten Sie einen Mann, der gut aussieht *und* nett ist. Verwandelt er sich im Laufe der Jahre in einen Heckenpenner, haben Sie wenigstens was Hübsches zu Hause. Oder er bekommt mit der Zeit eine Wampe – dann haben Sie wenigstens einen freundlichen Mann zu Hause. Gut, blöd natürlich, wenn er fett *und* pampig wird. Aber so weit im Voraus kann man nun wirklich nicht planen.

Die Regel ist natürlich nicht ganz einfach: Wir benehmen uns ja global gesehen oft so, als hätten wir noch einen zweiten Erdball im Kofferraum. Legen Sie sich einen zu! Besorgen Sie sich beizeiten eine Geliebte, für den

Fall, dass Ihnen mal die Frau wegläuft! Hm, nein, halt, Quatsch! Irgendwas ist jetzt argumentativ aus dem Ruder gelaufen ...

Nicht wirksam scheinen, sondern sein

Manche Menschen erwecken den Eindruck emsiger Geschäftigkeit, ohne dass man weiß, was sie eigentlich genau tun. Sie wühlen hier, sie wühlen da, stöhnen bei jedem Telefonanruf auf, seufzen ohne ersichtlichen Grund ins Leere und setzen vor angeblicher Überarbeitung eine bekümmerte Miene auf. Auf jedes an sie gerichtete Wort reagieren sie wie auf eine Zumutung, und jeder neue Arbeitsauftrag wird so genervt zur Kenntnis genommen, als sei es genau diese eine Sache, die jetzt endgültig den irreversiblen Stress-Tinnitus auslösen wird. Sie aber wissen: Der Kollege tut nur so. Er hat nicht mehr zu tun als jeder andere auch, eher im Gegenteil. Jeder Chef wird ja dazu neigen, einen neuen Auftrag eher demjenigen zu geben, der *nicht* den Eindruck der Überarbeitung macht – deshalb macht der Kollege ja all diesen Wind: weil er sich drücken will. Sie also arbeiten sich stellvertretend für den Kollegen wund, während der sich einen lauen Lenz macht und dabei so tut, als wäre er Sisyphus persönlich.

Aber: Sie können sich entspannen, trotz der ganzen Arbeit, die ja jetzt an Ihnen hängenbleibt – und zwar aus zwei Gründen. Erster Grund: Die meisten Chefs sind ja auch nicht doof. Was Sie bemerken, wird auch dem Chef auf Dauer nicht verborgen bleiben. Und, viel wichtiger, zweiter Grund: Der Kollege, da können Sie sicher sein, wendet mehr Energie darauf an, geschäftig zu erscheinen, als er für echte Geschäftigkeit benötigen würde. Das Zurschaustellen von Stress ist mindestens genauso stressig wie der Stress selbst. Ihr Kollege ist quasi der Robert de Niro des Stresses. In einer Art *method acting* verkörpert er den Stress, und ganz bestimmt fühlt er sich bald auch dementsprechend gestresst. Sein Weg führt in einer Spirale nach unten: Je gestresster er wirkt, desto mehr stresst ihn tatsächlich jeder neue Auftrag. Also tut er noch gestresster, damit auch alle merken, wie gestresst er ist ...

Ihr Weg hingegen führt in einer Spirale nach oben: Sie nehmen jeden neuen Auftrag lächelnd an und werden merken, dass es sich immer wieder um lösbare Aufgaben handelt. Das entspannt Sie, sodass Sie Kapazitäten für weitere Aufträge haben. Nebenher treiben Sie so den Kollegen in den Wahnsinn, der vor lauter Stress natürlich nichts mehr auf die Kette kriegt. Angesichts Ihres mehr als respektablen Pensums wird er ein schlechtes Gefühl bekommen, sodass er über kurz oder lang den Eindruck erwecken will, er sei mindestens genauso eifrig tätig wie Sie. Das versucht er durch das Vortäuschen von Geschäftigkeit usw. Der Kollege verdient Ihr Mitleid, nicht Ihren Ärger. Er steht sich nämlich selbst im Weg.

Erklären Sie sich nicht

Gegendarstellung:

In Ihrer Ausgabe vom 21. Februar 2012 schrieben Sie über mich: «Schmitz wurde erwischt, als er in seinem hellblauen Opel Corsa sturzbetrunken mit 140 Kilometern pro Stunde durch die Innenstadt bretterte. Dabei trug er ein kurzes Pelzjäckchen und einen Strohhut, auf dem ‹Brombeertoni› stand. Sonst nichts. Bei der Festnahme fragte er einen Polizisten, ob er mal sein Bier halten könne. Anschließend leistete er erheblichen Widerstand und beschimpfte die Beamten als ‹mickrige Version der Village People, so ohne Indianer und Bauarbeiter›.»

Hierzu stelle ich fest: Mein Opel Corsa ist nicht hellblau, sondern azurblau.

Auch wenn das Beispiel ausgedacht ist, Sie verstehen schon: Wenn nur die Autofarbe korrekturbedürftig ist, muss der Rest ja stimmen. Manchmal ist es also klüger, die Dinge mit Ignoranz zu strafen, als sie zu bekämpfen. Das Bekämpfen zerrt sie erst recht – oder zum wiederholten Mal – ans Licht der Öffentlichkeit. Das englische Königshaus lebt mit diesem Motto von Benjamin Disraeli ganz gut: *Never explain, never complain* – niemals erklären, niemals beschweren. Aber es gibt Grenzen – zum Beispiel, wenn man durch Stillhalten erpressbar wird: Ob es klug ist, wie Ottfried Fischer einen Journalisten der BILD zu verklagen, der ihn mit einer heimlich gemachten Aufnahme unter Druck setzte, ist nach dieser Regel zunächst fraglich. Auf dem Band war Fischer zu sehen, wie er sich mit Prostituierten vergnügte. Durch die Klage wurde die Geschichte natürlich x-mal durch den Wolf genudelt, sodass auch der Letzte mitbekam: Der Otti Fischer lässt sich von russischen Nutten beglücken. Das ist natürlich peinlich.

Aber in dieser Haltung kann auch eine Chance liegen. Wenn man durch das Stahlbad der miesen Presse gegangen ist, kann man als Geläuterter wiederkehren, ist des Drucks enthoben und kann wieder befreit aufspielen. Und irgendwo haben die Leute dann doch Respekt: Der lässt sich nicht alles gefallen, der steht lieber zu seinen Bettgeschichten, als sich zu verbiegen. Natürlich kommen nicht nur gewichtsmäßig auf einen Otti Fischer zehn andere. Die zehn anderen nämlich haben sich ebenfalls erklärt, beschwert – und man hat nie wieder von ihnen gehört. Aber trotzdem: Man kann sich ja auch nicht alles gefallen lassen.

Seien Sie kein miesepetriges Frettchen

Es ist deprimierend. Ich habe soeben «Lächle, und die Welt lächelt mit dir» gegoogelt, weil ich dachte, es gäbe einen alten Schlager mit diesem Titel. Stattdessen bin ich auf so ein Glücksforum gestoßen, in dem sich bescheuerte Leute mit noch bescheuerteren Pseudonymen wie «Glücksbärchi_2000» und «lebedeinentraum» über die Unfreundlichkeit der Welt beklagen und sich gegenseitig versichern, wie freundlich sie immer aufträten und wie verdattert alle anderen dann seien, nur weil sie mal einer anlächelt. Natürlich vergisst keiner der Teilnehmer, hinter sein Posting ein hüpfendes und winkendes Smiley zu setzen. Erschütternd. Aaargh! Wer so was liest und auch nur einigermaßen bei Verstand ist, legt sich sofort eine gepflegte schlechte Laune zu und grummelt durch den restlichen Tag. Man möchte auf der Stelle Welpen quälen, Katzenjunge im Fluss ersäufen oder an dunklen Orten eine Stange Plutonium kaufen, um damit in der Fußgängerzone herumzufuchteln.

Aber: Wenn dumme Menschen Wahres verkünden, so bleibt es doch Wahres! Machen Sie die Menschen zu ihren Freunden – es ist erstaunlich, wie sich das Leben ändert, wenn man seine Antipathie bemeistert, dem Gegenüber eine Chance gibt und erst einmal davon ausgeht, dass einem keiner Böses will. Einen Krieg gewinnt man, indem man sich Verbündete sucht – nicht, indem man sich noch mehr Feinde schafft. Und ich schreibe jetzt mal «Glücksbärchi_2000» ein Mailchen, ob er nicht mit mir zusammen mal ein paar Glücksnüsschen bei Facebook aufmachen will.

Leben Sie nicht zu hastig

Die Boris-Becker-Regel! Als Boris Becker 1985 als jüngster, als erster ungesetzter und als erster deutscher Spieler Wimbledon gewann, war er siebzehn Jahre alt. Im Jahr darauf wiederholte er diesen Erfolg. 1986 gewann er innerhalb von vierzehn Tagen drei Turniere auf drei verschiedenen Kontinenten (Sydney, Tokio, Paris. Laute Flüge! Fremdes Essen! Jetlag! Hotelzimmer mit schwer regulierbaren Klimaanlagen!). Insgesamt siegte er in seiner Profikarriere bei vierundsechzig Turnieren und war die Nummer eins der Weltrangliste. Die Älteren werden sich noch erinnern: Er gehörte zu den ganz, ganz Großen! Sogar die Meeresschnecke *bufonaria borisbeckeri* ist nach ihm benannt. Auch privat ließ er es krachen: Verbürgt sind Beziehungen mit Benedicte Courtain, Karen Schultz, Barbara Feltus, Angela Ermakova, Sabrina Setlur, Zoe Appleyard, Heydi Nuñez-Gomez, Caroline Rocher, Patrice Farameh, Sandy Meyer-Wölden und Lilly Kerssenberg. Mit einunddreißig Jahren gab er seinen Rücktritt vom aktiven Sport bekannt. Aber was macht man als Einunddreißigjähriger, wenn das Glück eher zu Ende ist als das Leben?

Wer zu eilig ist, wird zu schnell mit allem fertig und verschluckt sich, weil er das verzehren will, was andere in ihrem ganzen Leben verdauen. Wir haben mehr Tage zu leben als Freuden zu genießen. Und wenn man am Anfang alle Freuden schon kennengelernt hat, muss man den Rest seiner Zeit eben damit verbringen, auf Treppenabsätzen oder in Besenkammern rumzuhängen, Investitionen in den Sand zu setzen, Steuerprozesse über die Bühne zu bringen, Talkshows in den Quotenabgrund zu reiten, eine Scheidung zu vollziehen und eine eigene Videoplattform ins Leben zu rufen, weil man glaubt, die Welt brenne darauf zu erfahren, was Boris Becker über dies oder das gerade so denkt. Und auch, wenn's eine Plattitüde ist: Tennis lehrt doch eigentlich so viel über das Leben – es kommt darauf an, dass man den letzten Ballwechsel gewinnt, nicht den ersten.

Machen Sie nicht so viel Wind

So, wie heißt Bill Kaulitz mit Vornamen? Jetzt anrufen, 200 Euro sichern und drei Geldpakete zum Aussuchen! Gleich schlägt der Hot Button zu! Das kann doch nicht sein, dass keiner weiß, wie Bill Kaulitz mit Vornamen heißt! AN!-RU!-FEN! *Einen* Tipp gebe ich noch. Er heißt mit Vornamen genau so wie Bill Clinton! Na gut, den kennt natürlich keine Sau, also noch einen drauf: Fängt mit B an und hört mit -ill auf. Jetzt anrufen! Warum ist denn keiner dran? Treffen Sie jetzt Leitung vier, sieben oder acht! Durchkommen, Geld abräumen! Jetzt! Jeeeeeeetzt! Aaaanruuuufeeen! 200 Euro sicher und drei Geldpakete zum Aussuchen! Nur den Vornamen! Vom Kaulitz-Bill! Einfach! Einfach! Einfach! Wer's weiß: Jetzt wählen! Nur 5,99 Euro pro Anruf! Das ist geschenkt! Das lohnt sich, das macht Spaß, das macht Freude! Hier wieder mitgemacht! Jeden Moment schlägt der Hot Button zu – und Sie verpassen es! Ich werde wahnsinnig hier! Ich flipp aus! Reimt sich auf Still, Will und Hill! Hm-Kaulitz. Hm-Kaulitz! Das *kann* doch nicht so schwer sein! Hm-Kaulitz!! Hört mir hier überhaupt jemand zu? Oder wollen Sie keine 200 Euro gewinnen? Das wird's sein: Sie haben genug Kohle! Und dann sagen Sie sich: Lass den Kerl mal reden, mir doch egal! Ich bin ja schon ‹BILL-ionär›, haha! Das war ein Tipp! Oder wissen Sie etwa die Antwort immer noch nicht? Das *kann* doch nicht wahr sein! Okay – noch einen Tipp: Der Name steckt auch in ‹billig›, ‹Billett› oder ‹Billard›! Anrufen! Hot Button treffen! Abräumen!!»

Ja, genau. Lass mal die Luft raus. Wir sind doch nicht bescheuert. Je mehr Wind gemacht wird, desto eher merkt man doch, dass es nur heiße Luft ist.

Seien Sie kein Lästermaul

Direkt die Einschränkung vorweg: Selbstverständlich müssen Sie sich den Ruf eines gut informierten Insiders erwerben, indem Sie zuweilen eine gezielte Indiskretion bei den richtigen Leuten platzieren. Deshalb heißt die Regel eigentlich nicht «Kein Lästermaul *sein*», sondern: «Nicht als ein Lästermaul *gelten*!», denn natürlich dürfen Sie schwätzen, solange Sie sich nicht den Ruf einer notorischen Schwatzbacke erwerben. Und es gilt nach wie vor: nicht *alles* weiterplappern, was man Ihnen erzählt. Vor allem sollten Sie die negativen Sachen über andere für sich behalten – denn wer über andere nur immer ablästert, über den werden die anderen auch nur ablästern. Und da er allein ist, die anderen aber viele sind, wird der Lästernde am Ende den Kürzeren ziehen. Machen Sie sich nicht selbst klein, indem Sie schlecht von anderen reden. Wenn Sie über andere reden, dann reden Sie gut von ihnen! Denn machen Sie sich nichts vor: Die Welt ist indiskret, alles wird weitergeplaudert. Alles! Auch Ihre Lobreden. Wenn der Betroffene also davon Kenntnis erhält, wie Sie gut über ihn reden, stehen Sie glänzend da. Und der Schwatzkopf, dem Sie die Sache anvertraut haben, wird über Sie ebenfalls gut reden, da er berechtigte Hoffnung hat, dass Sie über ihn ebenfalls gut reden werden. Win-win-Situation!

Kein Pathos, keine Feierlichkeit

Franz-Josef Wagner von der BILD ist so ein Fall. In seiner Kolumne «Post von Wagner» bläst er mit seinem feierlichen Stil Belanglosigkeiten zu erhabener Poesie auf. Sein Stilmittel ist die radikale Verknappung, sodass den wenigen übriggebliebenen Worten eine Bedeutung beigemessen wird, die ihnen eigentlich nicht zukommt. Das kann man gut finden, meist ist es allerdings mehr zum Kichern. Generationen von Komödianten leben vom hohlen Pathos: Peter Sellers, Theo Lingen, Loriot. Ich hoffe, Wagner ist sich dessen bewusst und schlägt sich beim Schreiben manchmal selbst vor Lachen auf die Schenkel. Denn irgendwann wird aus dem Stilmittel der Verknappung die sinnentstellende Verkürzung. 1000 Zeichen feierlicher Wahnsinn, versuchen wir's mal. Ich sag jetzt schon, verstehen muss man's nicht.

Lieber Franz-Josef Wagner,
ein Koch filetiert seinen Fisch. Gräten raus, Knorpel raus, Schmodder raus. Sebastian Vettel fährt sein Rennauto. Ohne Schlenker und Umwege. Ein Säufer trinkt den Whiskey pur. Ohne überflüssiges Zeug wie Soda, Cola, Ginger Ale. Sie sind Kolumnist: Ihr Fisch, Ihr Auto, Ihr Whiskey ist die Sprache. Je schlanker, schneller, purer, desto besser. In Ihrer Kolumne ist kein Platz für Gräten, Kurven, Tonic Water.
Beim Schreiben quälen Sie sich. Sie wälzen sich nachts im Bett, rauchen, trinken, fluchen, sind ein zärtlicher Wolf. Aber was am nächsten Morgen in der Zeitung steht, ist leicht wie der Lidschlag eines jungen Mädchens im Frühling. Etwa 14 000-mal pro Tag blinzelt dieses Mädchen im luftigen Kleidchen. 3000-mal haben Sie mit Ihren Kolumnen bereits geblinzelt, 3000 luftige Lidschläge für die Ewigkeit. Danke, Franz-Josef Wagner!
Herzlichst
Ihr Christoph Schulte-Richtering

Machen Sie sich rar

Wer nicht stattfindet, wird nicht berühmt, stimmt schon. Jedes Schlagersternchen, jeder Big-Brother-Kandidat ist auf Aufmerksamkeit angewiesen. Andererseits: Wer *andauernd* stattfindet und auf jeder Hochzeit tanzt, macht sich billig und gilt als *easy-to-get*. Rennen Sie nicht zu jeder Boutiquen-Eröffnung! Latschen Sie nicht über jeden Teppich, nur weil er rot ist! Gehen Sie nicht in den Dschungel! Erscheinen Sie nicht als Pop-up-Promi in Musiksendungen, um Ihren Senf zu 80er-Jahre-Bands abzusondern! Nehmen Sie nicht an der Super-Illu-Wahl zum «sexiesten Soap-Star» teil! Wenn Sie bei den Olympischen Spielen eine Goldmedaille gewonnen haben, lassen Sie sich nicht von Fotografen dazu nötigen, reinzubeißen! Das sieht affig aus und lässt Sie dastehen wie jemanden, der alles macht, nur um aufs Foto zu kommen. Hey, Sie sind Olympiasieger! Lassen Sie sich nicht nackt in einem Käfig von PETA fotografieren! Kein einziger Pelzfreund wird sich davon abhalten lassen, einen neuen Nerz zu kaufen. Das Einzige, was bleibt, ist der etwas schale Eindruck, Sie seien jemand, der sich vor jeden denkbaren Karren spannen lässt, bei dem es billigen Applaus von der «richtigen» Seite abzustauben gibt.

Ach – Sie sind gar nicht prominent und wollen es auch nicht sein? Egal, denn die Regel gilt für alle: Natürlich müssen Sie da sein, wo die Musik spielt – in der entscheidenden Konferenz, beim Personalgespräch, bei der Party des Jahres. Aber manchmal ist es besser, nicht auf allen

Hochzeiten zu tanzen und überall mitzuquatschen, sondern sich zurückzuhalten, sich elegant zu verdünnisieren und vermisst zu werden: wenn die Kundenpräsentation in die Hose zu gehen droht, wenn das nächste Projekt sich zu einem Vollflop auszuwachsen scheint, wenn der Chef die Meute anschreit. Nicht immer müssen Sie den Rädelsführer spielen!

Wenn Sie sich rar gemacht haben, haben Sie es dann schon mal auf keinen Fall verbockt und hätten selbstverständlich alles anders gemacht – im besten Fall aber wird man sogar nach Ihnen rufen, und plötzlich sind Sie der Heilsbringer, der Retter, der Phönix aus der Asche! Bingo!

Seien Sie geschäftstüchtig

Nach einem Wochenende an der Mosel wollte ich mit meiner Frau noch eine Kiste Wein mitnehmen. Wir bogen also, natürlich unangemeldet, am Sonntagabend beim Winzer unseres Vertrauens auf den Hof ein, läuteten zaghaft und fragten, ob wir stören. Neinnein, beschied uns der Winzer, wir störten keineswegs, er freue sich sehr – stören würden lediglich diejenigen Kunden, die unangemeldet kämen, ihn aufhielten und dann am Ende nur eine Kiste Wein mitnähmen! Schluck.

Er lud uns zu einer Probe ein, entkorkte eine Flasche und ließ uns probieren. Der Wein war hervorragend, also nahm ich, hüstel, gleich zwei Kisten, um nicht als knickriger Wochenendstörer dazustehen. Anschließend entkorkte der Winzer eine weitere Flasche, die noch besser schmeckte und dazu auch noch preiswerter war. Jetzt konnte ich ja nicht zurück, also nahm ich auch von diesem Wein zwei Kisten. Statt einer hatte ich also vier Kisten an der Backe. Der Winzer freute sich, ging die Kisten holen, ließ mich im Hinausgehen aber noch wissen: «Sind Zwölferkisten.» Statt geplanter sechs Flaschen hatte ich also achtundvierzig Flaschen gekauft. In den folgenden Monaten tranken wir ausschließlich Moselwein und gewöhnten uns so sehr an den Geschmack, dass wir seitdem bereits mehrfach nachgeordert haben. Wenn sie gut gemacht ist, hat Geschäftstüchtigkeit nichts mit Übers-Ohr-Hauen zu tun, sondern mit dem unerschütterlichen Glauben an die Qualität des eigenen Produkts. Na, und Schlitzohrigkeit kann ja ganz sympathisch sein, wenn sie – wie in diesem Fall – dem Kunden sogar zum Vorteil gereicht. Ich bewundere dieses Geschäftsmodell sehr!

Seien Sie makellos

Ja toll – was ist denn das für ein Tipp? Wenn wir makellos wären, bräuchten wir ja keinen Ratgeber mehr! Wir stehen doch alle hier und krebsen rum, eben weil wir Montagsware sind, Mängelexemplare und Reklamationsprodukte, defekt schon bei Auslieferung! Gemeint ist folgender Ratschlag: Weil eben kein Mensch ohne Makel ist, hat derjenige die Nase vorn, der seinen Makel am geschicktesten zu verbergen versteht. Und wer ihn nicht verbergen kann, weil er zu auffällig ist, der sollte zusehen, ob er ihn nicht vielleicht gar in einen Vorteil verwandeln kann: So wie Julius Cäsar seine Glatze mit einem Lorbeerkranz verzierte, so wie Karl Dall mit seinem hängenden Augenlid zum Comedy-Charakterkopf wurde, so wie Verona Feldbusch aus einer Genitiv-Dativ-Schwäche eine Karriere zu bauen wusste. Dazu muss man aber seinen Makel kennen und damit umzugehen wissen! So wird aus dem Makel eine Auszeichnung!

Horchen Sie in sich hinein und forschen Sie! Oder sehen Sie glänzend aus und sind mit allen Talenten und Tugenden gesegnet? Sagen Sie immer die Wahrheit, machen alles richtig und stehen immer auf der richtigen Seite? Legen Sie dieses Buch zur Seite, Frau Furtwängler, Sie brauchen es nicht!

Richten Sie sich nie nach dem,
was der Gegner von Ihnen erwartet

Ha! Da liegt eine Brieftasche mitten auf der Straße! Geld ist auch noch drin, und alle Papiere! Auf dem Führerscheinfoto erkennen Sie eine Frau – und zwar genau *die* Frau, die ein paar Meter weiter mit sperrangelweit offener Handtasche vor einem Schaufenster steht und anscheinend noch gar nicht gemerkt hat, dass sie gerade einen Teil ihrer Existenz auf dem Bürgersteig verteilt hat.

Da hat der Weltgeist Ihnen aber eine knifflige Aufgabe gestellt: Entweder Sie gehen jetzt hin und geben der Dame ihre Geldbörse zurück. Dann bedankt die sich zwar erleichtert, höflich und glücklich, aber der vermeintliche Glückstag hat höchstens auf Ihrem Karmakonto einen Eingang zu verzeichnen. Das Einzige, was Sie bar auf die Kralle mit nach Hause nehmen können, ist das kuschelige Gefühl, ein halbwegs guter Mensch zu sein. Natürlich steht außer Zweifel, dass Sie nach moralischen Gesichtspunkten der armen Frau ihre Geldbörse zurückgeben sollten – aber wir spielen hier ja ein strategisches Gedankenspiel und singen nicht Hand in Hand das «Halleluja von Taizé» im Gemeindesaal der St.-Trinitatis-Gemeinde von Westercappeln. Lassen wir das also mal einen Moment beiseite. Die Alternative ist also: Sie stecken das Ding unauffällig ein, haben vielleicht ein paar Gewissensbisse, aber 130 Euro mehr in der Tasche. Die Papiere kann man ja in einen Briefkasten schmeißen.

Was tun? Eigentlich ist es wie bei einem normalen Bankgeschäft: Null Risiko gleich null Gewinn, mit ein wenig Glück gibt's in dem Fall vielleicht einen kargen Finderlohn. Die Rückgabe der Brieftasche ist quasi das festverzinsliche Wertpapier, das gerade mal eben die Inflationsrate ausgleicht. Das hohe Risiko verheißt die Chance auf hohen Gewinn – aber auch die Gefahr hoher Verluste. Sicher, zunächst wirkt das Risiko gar nicht so hoch: Anscheinend wurden weder die Frau noch Ihr Fund beobachtet, Sie können das Ding also unauffällig einstecken und noch unauffälliger fortschlendern. Aber ich warne Sie: Die andere Möglichkeit, die Verlustgefahr, ist wie der Optionsschein auf japanischen Thunfisch: Eigentlich ein Supergeschäft – und dann kommt der Tag der Kernschmelze in Fukushima.

Denn was, wenn es sich um eine Falle handelt? Das Ganze ist doch offensichtlich, und vielleicht will jemand, dass Sie da reinstolpern, zum Beispiel ein Kamerateam von «RTL extra»? In dem Moment, wo Sie die Brieftasche einstecken, werden die um die Ecke biegen und über Sie herfallen, weil sie die Brieftasche natürlich da hingelegt haben, um die Frage «Wie ehrlich ist Deutschland?» zu beantworten oder einen ähnlichen Quatsch! Und weil Sie so schuldbewusst sind, werden Sie verdattert sein und aus schlechtem Gewissen vielleicht sogar eine Einverständniserklärung unterschreiben, die Aufnahme zu senden, sodass Ihre dummdreiste Gier vor 3,5 Millionen Zuschauern ruchbar wird und Ihnen nur noch übrigbleibt, auszuwandern oder den Gunter Sachs zu machen. Und das für lumpige 130 Euro? Und jetzt hilft Ihnen die Erinnerung an die Jugendgruppe der Trinitatis-Gemeinde in Westercappeln, der Sie Ihr Über-Ich zu verdanken haben: Denn der liebe Gott und RTL sehen alles!

Was ich Ihnen sagen will: Entscheiden Sie nicht nach dem, was der Gegner von Ihnen will (nämlich Sie in die Falle locken) – und auch nicht nur nach Ihrem ersten Impuls (zugreifen). Denn diesen Impuls kennt der Gegner – und er wird ihn für sich ausnutzen wollen. Entscheiden

Sie erst nach Abwägung von möglichem Nutzen, möglichem Schaden und Ihrer persönlichen moralischen Integrität. Und das alles natürlich nicht in Sekundenbruchteilen. Bleiben Sie so lange wie möglich unentschieden: Das hält Sie wachsam für das, was so passieren kann in der Welt!

Halten Sie sich von allgemeinen Narrheiten fern

Es gibt ja allgemeine und besondere Narrheiten. Die besonderen Narrheiten erkennt jeder auf den ersten Blick, und dass man sich von ihnen fernhält, versteht sich von selbst, denn andernfalls wird man für verrückt erklärt: Wer den Eiffelturm aus Streichhölzern in Originalgröße nachbaut; wer ein erklärter Freund des Nacktfahrradfahrens ist; wer sich ein Hakenkreuz auf die Stirn tätowieren lässt, der hat nicht alle Latten am Zaun und wird für das Amt des Bundespräsidenten auf absehbare Zeit nicht in Frage kommen.

Es gibt aber auch allgemeine, also verbreitete Narrheiten. Sie sind sehr wirkmächtig, eben weil sie allgemein eingeführt sind und um einiges unauffälliger daherkommen als die besonderen Narrheiten. Wer hat nicht schon mal «Gesichtsbuch» statt «Facebook» gesagt oder, für die ältere Generation, «Drahtesel» statt «Fahrrad» oder gar «Nasenfahrrad» statt «Brille»? Immer wieder hört man die «Herren der Schöpfung» oder «Göttergatte», wenn es um Männer geht, oder «fahrbarer Untersatz», wenn die Rede von Autos ist. Lassen Sie das – es ist nicht witzig! Es war vielleicht beim ersten Mal witzig, aber jetzt ist es ein Witz, der zum x-ten Mal gemacht wird. Und kann man über so einen noch lachen?

Tragen Sie keine Rentierpullis! Und auf gar keinen Fall Regenjacken im Partnerlook! Wenn Sie Fotos in Ihr Familienalbum kleben, schreiben Sie als Bildunterschrift nicht «Ich» darunter! Tragen Sie um Gottes willen keine Bicolor-Frisuren! Benutzen Sie keine Smileys oder Emoticons! Die Sprache stellt genügend Handwerkszeug bereit, um Ironie, Augenzwinkern oder Lächeln zu transportieren, auch in E-Mails oder Internetforen. Das Gleiche gilt für ROFL («rolling on the floor laughing») und LOL («laughing out loud»). Oder möchten Sie für leicht kindisch oder, schlimmer, für leicht gestört gehalten werden? Haben Sie sich *wirklich schon mal vor Lachen auf dem Boden* gewälzt?

Lassen Sie sich kein Arschgeweih auf den Steiß tätowieren! Wobei – wer noch keines hat, wird vermutlich auch nie vorgehabt haben, sich eins zuzulegen. Und wer eins hat, für den kommt der Rat zu spät. Nehmen Sie nicht an Preisausschreiben und Gewinnspielen teil! Bei einem Call-in-Sender sollte man mal anrufen und nach zusammengesetzten Wörtern raten, die mit «Tennis-» beginnen. Als Beispiel wurden «Tennis-Ball» und «Tennis-Schläger» genannt. Wer eines der gesuchten Wörter traf, dem winkten sagenhafte 5000 Euro. Nach drei Stunden erfolgloser Anruferei von Tausenden wurde das Rätsel dann gelöst. Gesucht wurden «Tennis-Schiedsrichterklausur», «Tennis-Anlagenkalkulation» und «Tennis-Spielfeldsensorsystem». Nur Narren glaubten, «Tennisplatz» hätte unter den richtigen Lösungen sein können! Kleben Sie keine Popel unter die Tischplatte! Wenn Sie irgendwann mal umziehen und die Packer anweisen, den Schreibtisch so und so zu wuchten, wird man die Platte umdrehen. Und Sie stehen daneben.

Baden Sie Ihre Hände nicht in Geschirrspülmittel! Das macht Spülhände – und jeder, der Ihnen anderes erzählen will (auch Tilly!), hat ein Interesse daran, weil er Ihnen was verkaufen will! Und so weiter und so fort. Allgemeine Narrheiten gibt es so viele wie Ed-Hardy-Shirts in der Fußgängerzone. Man kann sie vermutlich auch nicht alle vermeiden. Es zu versuchen, schärft aber den Blick für den Irrsinn der Welt. Also: Augen auf!

Machen Sie nicht aus lauter Güte Fehler

Als Winfried Kretschmann im Jahr 2011 zum ersten grünen Ministerpräsidenten Deutschlands gewählt wurde, «erbte» er quasi von seinem Amtsvorgänger auch dessen Dienstwagen, einen Mercedes 600 mit 520 PS.

Für jemanden wie Kretschmann, der sich selbst als den Menschen zugewandt versteht, als einen Politiker fürs Volk, für den ist dieses Auto ein Problem: Getönte

Scheiben, PS-Getöse, Spritfresserei und Vollpanzerung sind ja nur eine Metapher für die Abschottung der Politik vom Volk. Also für eine Politik der Dunkelheit, der Intrige, der Verschwendung und des Panzerimpulses, dem eigenen Machterhalt alle anderen Ziele unterzuordnen. Kretschmann steht für anderes – für eine neue Politik der Bescheidenheit und Offenheit. Angeblich habe VW-Chef Winterkorn ihm als Ersatz einen Audi A8 angepriesen, der spritsparender und dezenter sei als der wuchtige Mercedes, also dem Selbstverständnis Kretschmanns viel näher komme als das Dickschiff von Daimler. Der A8 ist natürlich immer noch eine Wuchtbrumme, keine Frage. Jetzt sitzt der Volkswagenkonzern nun mal aber in Niedersachsen, Daimler aber in Baden-Württemberg, also in dem Land, in dem – und für das – Kretschmann gewählt wurde. Angenommen, Kretschmann nähme das Angebot an – was für ein Signal sendet der Ministerpräsident des Autolandes schlechthin, wenn er ein Fabrikat aus einem anderen Bundesland fahren würde, nur weil es das «ideologisch bessere» Auto wäre?

Wäre die Botschaft nicht die, dass man als Konsument nicht zu einem Mercedes aus Baden-Württemberg, sondern lieber zu einem umweltschonenderen Auto aus Niedersachsen oder Bayern greifen solle? Wem ist Kretschmann also mehr verpflichtet: seinen politischen Idealen von Umweltschutz und Bescheidenheit – oder dem wirtschaftlichen Wohl des Landes, in dem er gewählt wurde?

Oder, um es ganz runterzubrechen: Ist es für einen Landesvater besser, selbst «gut» zu sein und als Vorbild zu dienen, auch wenn er dadurch seinem eigenen Land keinen guten Dienst erweist und ihm wirtschaftlich eventuell sogar schadet? Oder ist es besser, das eigene Land als Landesfürst zu vertreten und Dinge in Kauf zu nehmen, die einem selbst zwar nicht zupasskommen, aber dem Land guttun? Es stellt sich die Frage nach dem Verhältnis von Politik und Moral. Das Wort Landesfürst ist hier ganz wörtlich zu nehmen, denn dieser Konflikt wurde bereits vor 500 Jahren beschrieben, nämlich von Niccolò Machiavelli in seinem Buch «Der Fürst». Machiavellis Antwort ist eindeutig: Ein Fürst müsse nicht selbst ein guter Mensch sein, wenn er für sein Volk Gutes bewirke. Im Gegenteil: In einem gewissen, eng gesteckten Rahmen seien sogar Lüge, Intrige und Verbrechen legitim, wenn sie denn dem Allgemeinwohl nützten. Diese Haltung hatte im 17. Jahrhundert, ähnlich wie heute, zu einer gewissen Politikverdrossenheit geführt und mündete weitere hundert Jahre später in der Französischen Revolution.

Jetzt stellt sich aber eine andere Frage: Ist mir als Staatsbürger die Integrität meines Ministerpräsidenten wirklich so wichtig? Der erste Impuls lautet: ja. Ein hohes Maß an Politikverdrossenheit rührt ja eben daher, dass man Politikern nicht mehr vertraut, weil sie angeblich jedem Lobbyisten hinterherlaufen, dass sie, so hört man pauschalierend immer wieder, «alle Verbrecher» seien. Ein persönlich integrer und glaubwürdiger Politiker könnte sich da gewiss hervortun. Was aber, wenn mein Arbeitsplatz in Gefahr gerät, weil mein Landesvater nicht bereit ist, die eine oder andere strategische Entscheidung aus politischer Klugheit zu treffen, nur um selbst und persönlich ein besserer Mensch zu sein und als Vorbild zu dienen? Bekommt man da nicht das Gefühl, dieser Politiker vertritt nicht meine, sondern seine ganz eigenen Interessen, so anständig diese auch sein mögen? Und so wird aus dem Politiker neuen Typus, dem aufgeklärten, basisdemokratischen Landesvater, plötzlich eine Art privatabsolutistischer Fürst, der seine eigene Ideologie der Anständigkeit über die Interessen der Allgemeinheit stellt.

Es geht nicht darum, Winfried Kretschmann zu kritisieren – von ferne scheint der ein ganz dufter Kerl zu sein –, aber es ist eine spannende Frage, die jeder für sich beantworten muss, für sich persönlich und dafür, wie er andere beurteilt: Hilft dem Land ein sympathischer Naivling mehr als ein womöglich unsympathischer Stratege? Knigge oder Machiavelli, Kretschmann oder Roland Koch? Wie lang hält die Strahlkraft der Naivität? Im Privaten mag die Entscheidung gerne nach Sympathie und zugunsten von Knigge gefällt werden – im Politischen spricht einiges dagegen.

Das Höchste in der höchsten Gattung

Es ist ja eine Frage der philosophischen Haltung, ob man lieber bei einem Erstligisten am unteren Tabellenende oder bei einem Zweitligisten an der Tabellenspitze spielt. Der Erstligist steht zwar nominell höher, aber hier spielt die Angst mit und das Abstiegsgespenst geht um. Außerdem kriegt man andauernd von stärkeren Mannschaften die Hucke voll. Der Zweitligist spielt zwar nur zweitklassig und ist damit ja eigentlich schlechter, aber er eilt von Sieg zu Sieg, erntet Respekt bei Freund und Feind und kann beim Aufstieg am letzten Spieltag den Champagner köpfen. Allerdings nur, um in der nächsten Saison vermutlich einer der bedauernswerten Abstiegskandidaten in Liga eins zu werden.

Beides ist nicht recht befriedigend. Mittelmäßigkeit ist nie ein Gegenstand der Bewunderung. Top zu sein in einem unterklassigen Verein hat einiges für sich, aber was es an Annehmlichkeiten voraushaben mag, büßt es an Rühmlichem ein. Umgekehrtes gilt für die Schießbude der Liga eins. Rühmlich ist es, erstklassig zu sein – aber unangenehm, sich jeden Samstag die Abwehr auseinandernehmen lassen zu müssen. Aber wer Deutscher Meister werden will, kommt um den Aufstieg und die harte Zeit danach einfach nicht drum rum!

Dieses Kapitel warnt einen davor, es sich gemütlich in der Mittelmäßigkeit einzurichten. Nie mehr Zweite Liga!

Was ist besser:
geachtet werden oder geliebt werden?

In diesem berühmten Fragebogen, bei dem es eigentlich völlig egal ist, wie oft ihn Marcel Proust in seinem Leben ausfüllte, ist eine der beliebtesten Antworten auf die Frage «Was ist für Sie das höchste Glück?» die folgende: «Geliebt zu werden!»

Blanker Unsinn! Liebe führt zu Vertraulichkeit – und mit fortschreitender Vertraulichkeit nimmt die Hochachtung ab. Glauben Sie mir! Fragen Sie mal Paare, die über vierzig Jahre verheiratet sind. Wäre der Partner ein Haus, dann kennt das liebende Gegenüber von ihm jeden Winkel – den feuchten und verwanzten Keller, den verstaubten Dachboden, die schimmeligen Stellen hinterm gammeligen Sofa und sogar den Urinstein unter der Klobrille. Also Ecken, die man keinem Besucher zeigen möchte. Der wird schön auf Distanz gehalten, soll sich am besten mit dem aufgeräumten Wohnzimmer und der repräsentativen Empfangshalle begnügen und alles bestaunen, ohne unter den Teppich zu schauen.

Um wie viel besser ist also die Verehrung! Sie hält zwar auf Distanz, wirkt aber länger als die plumpe Vertraulichkeit einer hingebungsvollen Liebe. Denn Vertraulichkeit läuft immer Gefahr, ausgenutzt zu werden. Alte Ehepaare, die sich ankeifen und den Partner bei jeder sich bietenden Gelegenheit vor versammelter Mannschaft bloßstellen, sind das beste und schlimmste Beispiel. Da herrscht schnell Krieg. Von einem blamablen Abend bis hin zu Gattenmord ist alles möglich. Natürlich kann man seine Differenzen in der Partnerschaft auch übertünchen – aber das wiederum führt zu hohler Repräsentation. Auch diese Ehepaare kennen Sie: Die Dame lächelt tapfer durch und tut so, als hätte sie nichts bemerkt, wenn Männe nach dem fünften Whiskey Sour der Barkeeperin die Cocktailkirsche ins Dekolleté schnippt. Und Männe seinerseits verschuldet sich lieber, als dass er seiner Gattin die ersehnte Hermès-Birkin-Bag für 29 000 Euro (35-cm-Version, Krokoleder, Farbe: cognac) versagt.

Was sagen Sie da? Was man gegen die Liebe denn schon tun kann? Schon wieder diese Gefühligkeit! Die romantische Liebe ist eine Erfindung des 18. Jahrhunderts. Angesichts von zwanzig Millionen Jahren menschlicher Evolution werden Sie sich doch nicht von lumpigen 250 Jahren Gefühlsduselei ins Bockshorn jagen lassen! Doch? Echt? Wirklich? Hm, na gut, die Liebe, die Liebe. Da sollten Sie dieses Buch vielleicht lieber weglegen und zu einem Liebesroman greifen – so einem Nackenbeißer, wo auf dem Cover ein Mann mit bloßem Oberkörper eine Piratin mit wilden roten Haaren in den Nacken beißt. Die heißen dann «Die Nacht der Verzückung», «Die Nonne und der Wikinger» oder «Liebesnächte in Florenz». Wir arbeiten hier auf einer anderen Baustelle, auf der der strategischen Lebensplanung. Was weiß denn ein katholischer Mönch des 17. Jahrhunderts schon von der Liebe?

Besorgen Sie sich einen Sündenbock

Ihr Mitarbeiter Schmitz hat Mist gebaut. Richtigen Bockmist. Sollen Sie ihn feuern? Mitnichten! Im Gegenteil: Befördern Sie ihn zu Ihrem ganz persönlichen Assistenten! Es kann ja ohnehin in der Welt nicht alles klappen, hier und da geht halt mal was schief. Wenn Sie die Regel beachten, alles doppelt zu besitzen, haben Sie ja noch einen zweiten Assi – der kann dann alles wieder ausbügeln.

Aber warum sollte man die Flitzpiepe nicht feuern und aufs Amt jagen? Weil Sie jemanden brauchen, der den Unmut der Belegschaft auf sich zieht und das Objekt allgemeiner Schmähungen wird! Es wird sowieso immer Leute geben, die Ihrer Abteilung Übles wollen. Und da Schmitz ja bereits in aller Öffentlichkeit versagt hat, wird seine Unfähigkeit ruchbar – und Sie können fortan jede missglückte Unternehmung auf seine Schultern abwälzen! Er ist Ihnen ja sowieso zu Dank verpflichtet, weil Sie ihn belohnt statt bestraft haben, also wird er sich nicht so schnell beklagen. Natürlich geht das ein bisschen auf Kosten Ihres Stolzes, nur die besten Mitarbeiter um sich versammeln zu wollen – denn man wird sich fragen, warum Sie so einen Deppen wie Schmitz zu Ihrem Assi machen. Aber so sichern Sie Ihre Position im Unternehmen! Und wenn irgendwann tatsächlich mal Köpfe rollen müssen, wird Schmitz dann eben doch dran glauben – egal, wer's wirklich war. So haben Sie einen Puffer, der von Ihrer eigenen Unfähigkeit ablenkt. Wenn Sie diese

Regel befolgen, offenbart das natürlich Ihren unfassbar miesen Charakter, und ich möchte mit Ihnen nichts zu tun haben!

*Wer sich nicht mit der Löwenhaut bekleiden kann,
nehme den Fuchspelz*

Nicht immer ist man in der glücklichen Position, vier goldene Sterne mit Eichenlaub auf den Schulterklappen mit sich rumtragen zu dürfen. Generäle haben in der Kaserne wenig zu fürchten – und wenn einer von ihnen fürs Offizierskasino einen neuen Billardtisch haben will, dann befiehlt er einen neuen Billardtisch. Vermutlich steht das Ding keine drei Tage später im Offz-Heim. Der trägt halt die Löwenhaut – Sie verstehen. Wenn aber der Unteroffizier fürs Uffz-Heim einen neuen Tischkicker will, dann muss er einen Antrag schreiben. Den bringt er zum Spieß. Der muss zum Kompaniechef, der wiederum muss zum Hauptmann, der seinerseits zum Oberstleutnant. Und der hat vielleicht endlich die Tischkicker-Bestellbefugnis. Erstens dauert das alles ewig, zweitens ist die Wahrscheinlichkeit groß, dass der Antrag auf dem Dienstweg verschüttgeht. Jetzt ist der Fuchspelz gefragt.

Vielleicht schlägt der Unteroffizier lieber gleich vor, die Hälfte der Kosten für den Kicker durch ein Garnisons-Biwak mit Tombola und Gulaschkanone zu finanzieren? Der übrige Erlös könnte, hüstel, dem Oberstleutnant z.b.V. («zur besonderen Verwendung») zur Verfügung gestellt werden. Oder sollte man nicht gleich zwei Tischkicker beantragen? Das kommt eventuell billiger – und der Oberstleutnant kann mit dem General bei sich im Büro auch ein bisschen kickern, ohne sich gleich zum Fußvolk herabbegeben zu müssen. Oder man weist auf den Aspekt der inneren Führung hin: Denn immerhin stehen ja so Kickerfiguren auch in Reih und Glied – da kann man doch einiges an Strategie lernen und ein eventuelles Kickerturnier vielleicht sogar als Innendienst-Manöver deklarieren! Keine Ahnung, welcher Weg der beste ist – aber das Prinzip dürfte einleuchtend sein: Wenn man seine Vorstellungen nicht mit Befehlsgewalt, als Löwe, durchsetzen kann, ist Geschicklichkeit gefragt. Das muss gar kein Nachteil sein – denn in der Geschichte haben öfter die Klugen die Mächtigen besiegt als umgekehrt.

Jetzt aber die Ausnahme von der Regel: Wenn man eine Sache nicht erlangen kann – vielleicht, weil der Oberstleutnant ein erbärmlicher Tischkickerspieler ist, sich nicht vor den Kameraden blamieren will und dem Tischkickern generell Einhalt gebieten möchte –, dann ist es an der Zeit, die Sache zu vergessen. Wenn man seine Ziele nicht erreichen kann, lerne man, sie schnell zu verachten. Sonst macht man sich lächerlich oder wird zum Fanatiker. Und das alles nur wegen eines Kickertischs? Nicht doch!

Von der Kunst, die Dinge ruhen zu lassen

Einiges verlernt man ja so im Laufe der Jahrhunderte: Wenn man auf der Reise müde ist und sich erfrischen will, kauft man sich heute an der Autobahnraststätte eine Dose Red Bull. Früher machte sich der Wandersmann auf die Suche nach einem Brunnen oder einem Bach, an dem er seinen Durst löschen und sich erquicken konnte. Nun kam es aber zuweilen vor, dass der Bach verschmutzt war – sei es, dass kurz vorher eine Herde Rinder durch die Furt gestromert war, sei es, dass spielende Kinder den Bachlauf trübten. Was galt es zu tun? Genau: nichts. Genauer gesagt: warten. Indem man den Bachlauf sich selbst überlässt, reinigt er sich fix und führt bald wieder sauberes Wasser.

Genauso ist es auch im Leben: Die Strudel und Stürme der Leidenschaften klären sich von selbst – je mehr man mit Absicht dazutut, desto schlimmer verstärkt sich das Übel. Sie haben sich auf eine Stelle beworben und sitzen jetzt auf heißen Kohlen? Rufen Sie nicht beim Personalchef an! Er wird Sie beizeiten seine Entscheidung wissen lassen und könnte genervt reagieren, wenn man ihm zudringlich kommt. Beantworten Sie nicht jede nervige Mail sofort – eine Korrespondenz kann unangenehm heißlaufen! Früher gingen die Briefe auch erst am nächsten Tag in die Post, und da war dann vieles schon wieder abgekühlt. Wenn Ihnen das Mädchen vom Wochenende doch eben am Telefon gesagt hat, dass sie in absehbarer Zeit sehr viel zu tun hat – rufen Sie sie nicht noch ein zweites Mal an, um zu fragen, wie lange für sie «eine absehbare Zeit» denn ist!

Sich *nicht* zu bewegen, bringt einen aber oft nach vorne. Fragen Sie mal Helmut Kohl oder Angela Merkel.

Kennen Sie Ihre Unglückstage

«Frisurdebakeltag» nennt mein Wörterbuch den *bad hair day* – und der Übersetzer hatte wohl einen *bad hair day*, als er diese Übersetzung anbot. «Unglückstag» heißt es natürlich richtig – und jeder kennt die Tage, an denen alles schiefgeht. Keiner ist immer gleich gut drauf – und wenn die ersten Unternehmungen des Tages schiefgehen, sollte man heute vielleicht auch beim Rest etwas vorsichtiger rangehen. Mit dem linken Bein zuerst aufgestanden, dann die Toastscheibe auf die Butterseite geschmissen, im Büro den Kürzeren gezogen, sein Fett weggekriegt, durch den Wolf gedreht worden, dann auf dem falschen Dampfer und abends im falschen Film gewesen. Na dann schlechte Nacht!

Wenn einem aber die ersten Dinge des Tags gut gelingen, kann man natürlich Vollgas geben! Sie haben offenbar einen *good hair day* erwischt! Mit den Hühnern aufgestanden, die Gelegenheit beim Schopfe gepackt, seines Glückes Schmied gewesen, aber auch mehr Glück als Verstand gehabt und dann die Nacht zum Tag gemacht. Prima! Meist ist aber das eine nur ein kleiner Verdruss, das andere nur ein glücklicher Zufall. Wichtig ist, dass sich das Unglück nicht zu einem *bad hair year* auswächst!

Hüten Sie sich vor dem Sieg über Vorgesetzte

«Man muss auch mal verlieren können», sagte meine Mutter früher immer. Genauso schwierig ist aber das Gewinnen! Erst einmal kostet der Sieg selbst eine gewisse Kraftanstrengung, bei der man sich in der Regel mit Adrenalin vollpumpt. Hat man dann gewonnen, ist es aber schwer, sofort wieder runterzukommen. So wie Andy Möller, der am 29. Juni 1996 den entscheidenden Elfmeter im Halbfinale gegen EM-Gastgeber England verwandelt und anschließend wie ein Gockel durch den Strafraum wackelt – mit durchgedrücktem Kreuz, die Hände in die Hüften gestemmt. So bekommt der Sieg ein Moment der Peinlichkeit. Selbst gegen Ebenbürtige ist es also schwer, in Würde zu siegen.

Und wie viel schlimmer ist es, wenn man einem Vorgesetzten überlegen ist – das ist ein Frontalangriff auf dessen Position! Dass man ihm hilft, okay – aber ihn ausstechen grenzt ja an Majestätsbeleidigung! Passiert es im Beruf, dass man dem Chef seine Überlegenheit demonstriert, ist es entweder eine Dummheit oder – wenn man es nicht geplant hatte – ein Schicksalsschlag. Wenn man es irgendwie einrichten kann, lasse man den Rat oder die Lösung eines Problems aussehen wie eine Erinnerung an das, was der Chef selbstverständlich weiß und nur momentan vergessen hat – oder man schubse ihn argumentativ sanft in die Richtung, bis ihm der letzte, entscheidende Schritt von alleine kommt. Seien Sie wie ein Stern! Auch der ist hellglänzend – aber er ist nie so verwegen, dass er mit der Sonne und ihren Strahlen wetteifert.

Erlauben Sie sich verzeihliche Fehler

»Der ist mir zu perfekt», sagen manche Frauen über gutaussehende Männer. Ei der Daus! Wenn man das vorher gewusst hätte! Alles umsonst: Das regelmäßige Duschen und Rasieren, die schmerzhaften Gänge ins Fitnessstudio, die guten Schuhe aus Rochenleder, der Rhetorikkurs für Anfänger, die teuren Bauchmuskel-Implantate, das Botox in der Stirn – hätte man sich alles sparen können! Aber: Eitelkeit ist natürlich ein Fehler, ja sogar eine Todsünde! Je mehr man nach Perfektion strebt, desto mehr besitzt man den Fehler der Eitelkeit. Also ist es doch nicht so einfach mit der Perfektion. Aber angenommen, Sie wären auch ohne Eitelkeit einfach so der perfekte Mann: gutaussehend, bescheiden, fürsorglich, wohlhabend, treu, beherzt, mild (aber nicht zu mild), forsch (aber nicht zu forsch) – dann hätten Sie dennoch ein Problem! Und zwar folgendes:

Dem ganz Vollkommenen wird man vorwerfen, dass er keine Fehler hat. Der Neider muss sich ja irgendwie trösten – und da kommt der Vorwurf der Vollkommenheit oder der Glattheit gerade recht. Deshalb lege sich der Perfekte (das gilt jetzt so für die wenigsten von uns, leider) einen kleinen Makel, eine kleine Nachlässigkeit zu. George Clooney zum Beispiel lässt sich gerne mal einen Dreitagebart stehen, genau wie Brad Pitt. Markus Lanz beklagt mit zunehmendem Alter seine «Altherrenbrüste». Das ist klug! Denn so hat der Neid ein Ziel, auf das er seine hämische Niedertracht richten kann – ohne dabei zu merken, dass der angebliche Makel nur ein Blitzableiter für die Neidischen ist. Lernen Sie von diesen Männern!

Das heißt aber natürlich nicht, dass Sie von jetzt an das Zähneputzen im Besonderen oder jede Körperpflege im Allgemeinen einstellen sollen. Wie so oft im Leben macht's die Dosis!

Ergreifen Sie nichts gar zu fest

Die Weltverschwörungsregel! Wer sich eine bestimmte Sache zu sehr in den Kopf gesetzt hat und sich auch durch rationale Argumente nicht davon abbringen lässt, wandert auf dem schmalen Grat des Irrsinns. Die amerikanische Regierung habe am 11. September 2001 das World Trade Center selbst zum Einsturz gebracht? Die Mondlandung habe nie stattgefunden? Die DSDS-Wahlergebnisse seien von RTL beeinflusst?

Kokolores! Aber dem Anhänger der Verschwörungstheorie sind starke Gegenargumente völlig egal, zum Beispiel die immer geltende Frage: Warum und zu welchem Zweck sollte irgendjemand ein Interesse daran haben, eine solche Fälschung zu riskieren? Und, wenn denn das Interesse definiert wäre (etwa: «Kriegsanlass gegen den Irak/Afghanistan finden» beim World Trade Center, im Fall der Mondlandung «der Sowjetunion eine lange Nase ziehen», und bei Castingshows «den genehmsten Künstler gewinnen lassen»): Wäre dann der Schaden, wenn es auffliegt, nicht viel größer als der Nutzen, wenn es *nicht* auffliegt? Anhängern von Verschwörungstheorien dient jedes Gegenargument nur noch als weiterer Beleg, wie geschickt die wahren Zusammenhänge vertuscht werden sollen und wie mächtig die Personen hinter den Kulissen agieren. Abweichungen von der eigenen Meinung werden als fremdgesteuerte Manipulationen gedeutet. Wenn denn alles eine große Verschwörung ist: Warum hätten die Verschwörer dann Piloten aus Saudi-Arabien und Ägypten und nicht welche aus dem Irak oder Afghanistan «genommen»? Warum hätte man nicht großartigere, politisch nützlichere Erkenntnisse vom Hollywood-Mond mitgebracht statt ein paar armseliger Steine? Warum hätte die erfolglose Elli Erl die zweite DSDS-Staffel gewonnen, wenn man denn jemanden anders hätte haben können? Das Weltbild der Verschwörungstheoretiker ist einfach nicht darauf ausgelegt, sich durch Verifizierung oder Falsifizierung eine korrekturbasierte, ausgewogene Sicht der Dinge zu schaffen.

Die Welt ist viel zu komplex, als dass sie von einer Handvoll Menschen gesteuert werden könnte. Angenommen, die Mondlandung hat tatsächlich nie stattgefunden: Wie viele Mitarbeiter in den Hollywoodstudios hätten davon Kenntnis haben müssen? Requisiteure, Maskenbildner, Kostümbildner, Beleuchter, Kameraleute etc.? Ja ja, ich weiß schon – alle von der CIA bezahlt. Und die haben alle die Klappe gehalten? Kein Buch geschrieben, mit dem sie reich und berühmt geworden wären? Auch nicht nach vierzig Jahren oder auf dem Sterbebett? Bei der hochgradigen Vernetzung der modernen Welt erscheint es doch äußerst unplausibel, dass sich weitreichende gesellschaftliche Ereignisse allein durch das Handeln einzelner Personengruppen steuern lassen. Wer an so etwas glaubt, der denkt unterkomplex. Er ist dann kein Verfechter der Wahrheit, sondern der Halsstarrigkeit und der Narrheit.

Der Weise gibt in so einer Diskussion aber trotzdem gerne nach – denn die Argumente, die er hat, sind ja nicht unbekannt –, und es ist nur ein Zeichen seiner Artigkeit und Souveränität, dem Verschwörungstheoretiker wenn schon nicht die Wahrheit, so zumindest das letzte Wort zu lassen. Gewinnen kann man diesen Kampf nicht, denn gegen den Wahnsinn ist schlecht argumentieren. Was vor 400 Jahren galt, gilt heute erst recht: Jeder Dumme ist fest überzeugt, und jeder fest Überzeugte ist dumm.

Handeln Sie mal aus erster, mal aus zweiter Absicht

«Schnick, schnack, schnuck», «Schere, Stein, Papier» oder «Tsching, tschang, tschong» – egal, wie Sie das beliebte Spiel nennen, die Regeln bleiben gleich: Schere schlägt Papier, Papier schlägt Stein, Stein schlägt Schere. (Abseitige Verirrungen wie «Brunnen», «Panzerfaust» oder «Atombombe» lassen wir einfach mal außen vor.) Die Chance, zu gewinnen oder zu verlieren, ist für jeden Spieler immer dieselbe, fifty-fifty. Wie gewinnt man beim «Schnick, schnack, schnuck»? Kinderkram, meinen Sie jetzt vielleicht – aber mit «Schnick, schnack, schnuck» werden oft lebenswichtige Fragen entschieden: Wer bekommt das letzte Stück Pizza? Wer kriegt das größere WG-Zimmer? Wer geht nach der Party zu Fuß nach Hause, wenn nur noch ein Platz bei der Mitfahrgelegenheit frei ist? Wer zuerst drei Punkte hat, gewinnt, okay?

Hier kommt der Geheimtipp, wie man die genau gleichen Chancen verbessert und damit Fortuna ein Schnippchen schlägt. Es gibt nämlich eine Regel: Männer neigen zu Stein. Der ist forsch, wirkt stark und aggressiv. Frauen neigen zu Papier, das wirkt so sanft und fließend. Ist Ihr Gegner also ein Mann, wählen Sie Papier, haben Sie es mit einer Gegnerin zu tun, machen Sie die Schere.

So, angenommen Sie spielen als Frau gegen einen Mann. Die erste Runde gewinnen Sie schon einmal mit höherer Wahrscheinlichkeit, wenn Ihr Papier den Stein einwickelt. Und jetzt Achtung: Nach dem ersten Durchgang *verraten* Sie Ihrem Gegner den Trick, den mit den

Männern und den Frauen! Jetzt kommt er ins Grübeln und zu dem Ergebnis, dass Sie davon ausgehen werden, dass er in der zweiten Runde ein anderes Symbol wählen wird. Also wird er extra bei Stein bleiben! Sie nehmen also wieder Papier! 2 zu 0! Und jetzt die völlige Perfidie: Vor dem dritten Durchgang kündigen Sie lachend und offen an, Sie werden *wieder* Papier zeigen! Ihr Gegner ist ohnehin schon völlig verunsichert und hält Sie für die Schnick-schnack-schnuck-Göttin. Weil Sie sich so siegessicher zeigen, wird er glauben, Sie seien jetzt völlig übergeschnappt und machen das wirklich. Also wird er Schere wählen. Und jetzt zeigen Sie ihm den Stein. 3:0! Ich übernehme keine Garantie, dass es klappt. Beim Test mit meiner Frau ist es gründlich in die Hose gegangen (0:3). Aber die kennt mich natürlich auch zu gut.

Auf jeden Fall gilt: Viel leichter als bei einem eigentlich zufälligen Glücksspiel funktioniert das im Leben, in der Liebe, im Beruf. Handeln Sie überlegt – «lesen» Sie Ihren Gegner! Wecken Sie seine Aufmerksamkeit, indem Sie (allerdings nicht als offensichtliche Falle) eine Blöße vortäuschen. Der Gegner wird in diese Blöße stoßen. Sie stehen aber längst woanders, der Gegner wird ins Leere stoßen und stolpern. Beim nächsten Mal ist er schlauer: Er erkennt, dass Sie eine Meisterin der Verstellung sind. Und jetzt kommen Sie ganz direkt und mit erster Absicht daher – Sie ändern Ihre Strategie und betrügen durch Aufrichtigkeit. Und schon wieder haben Sie die Nase vorn. Seien Sie unberechenbar und überraschend – aber nie verrückt. Befolgen Sie die Spielregeln – aber variieren Sie sie so virtuos wie möglich!

Verwerfen Sie nicht als Einziger das, was vielen gefällt

Hier ist ja quasi zwangsläufig eine Art Einschaltquotendiskussion nötig. Na gut. Tatsache ist: Acht Millionen Menschen schauen die erfolgreichen Shows auf RTL. Acht Millionen und mehr, die sagen: Das schaue ich mir heute Abend an – und wenn ich nachher ins Bett gehe, fühle ich mich ein bisschen besser als vorher. Weil ich entspannen konnte, weil ich mal abschalten konnte, weil ich mich gut unterhalten fühlte. Oder weil ich nix Besseres mit mir anzufangen wusste. Alles legitime Gründe.

Natürlich ist der Distinktionsgewinn groß, wenn man dann nassforsch behauptet: «Ich nicht – ich lese wie alle meine Freunde Sartre.» Außerdem sei früher alles besser gewesen, Fernsehprogramm, Bücher, die Bildung ganz im Allgemeinen – früher, zu einer Zeit, in der wahrscheinlich jeder Bauer lesend hinter seinem Pflug herlief, ein Buch von Goethe oder Lessing in der Hand.

Meint man so. Allerdings lag der Anteil derer, die lesen konnten, im 18. Jahrhundert in Deutschland etwa bei zwanzig Prozent, 2011 betrug er neunundneunzig Prozent. Die massenhaft zusätzlichen Leser werden halt heute auch bewirtschaftet – auch für diese Menschen gibt es jetzt Medien, Literatur, Fernsehsender. Das können bloß die zwanzig Prozent von da oben nicht leiden – die fühlen sich bedrängt von Daniela Katzenberger, Paris Hilton, den Ludolfs und Mario Barth.

Aber: Ist man gleich ein besserer Mensch, weil man

so was nicht schaut? Weil man die Nase rümpft und sagt, dieses RTL, das ist doch Unterschichtenfernsehen? Da klingt man zwar sehr individuell, kann ein bisschen Widerstandskämpfer spielen und den anderen Mitläufertum vorwerfen, und der Satz «ich schaue ja sehr gerne Arte» kommt dann auch meist bald.

Es stimmt bloß meistens nicht. Wenn nur jeder Zehnte, der es behauptet, tatsächlich Arte gucken würde, läge deren Marktanteil bei mehr als den tatsächlichen 0,7 Prozent. Sicher, es gibt ja «anspruchsvolles» Fernsehen. Es erfordert bloß einen mündigen Bürger, sich diese Fernsehprogramme dann auch anzuschauen – aber anscheinend ist das Interesse ja doch nicht so riesig groß. Viel stärker als das tatsächliche Interesse ist der Dünkel gegenüber der Masse. Zum Vergleich: RTL hat 13,6 Prozent Marktanteil. Aber das Naserümpfen über das Populäre hat in Deutschland zwei Gründe: Einmal die Aufklärung des 18. Jahrhunderts mit ihrer Entdeckung der Individualität – und zum anderen das Dritte Reich, seit dem jede Massenbewegung, jede ästhetische Popularisierung unter Generalverdacht steht. Aber nicht alles, was populär ist, muss gleich böse sein. Vielleicht ist es nur einfach so erfolgreich, weil es gut gemacht ist? Ich weiß schon, dass eine gute Einschaltquote nicht jeden Mist rechtfertigt – aber umgekehrt ist es genauso falsch: dass eine Sendung mit einer guten Einschaltquote automatisch Mist ist.

Aber mal weg vom Fernsehen. Baltasar Gracián schreibt im Jahr 1653: *Etwas Gutes muss daran sein, da es so vielen genügt. Und lässt es sich auch nicht erklären, so wird es doch genossen ... Kann man das Gute nicht herausfinden, so verhehle man seine Unfähigkeit und verdamme die Sache nicht schlechthin.*

Das Populäre zu verdammen, ist einfach. Aber es zu verstehen: Darin besteht die Herausforderung!

Streben Sie nach Vollendung

Die Vollendung des eigenen Charakters und seiner Fähigkeiten war im 17. Jahrhundert ein erstrebenswertes Ziel. Für uns heute klingt das etwas beängstigend – nach Stillstand, Stagnation, Tod. Wer vollendet ist, ist quasi am Ende. So wie in Bertolt Brechts Geschichte von Herrn K., der erbleichte, als ihm jemand sagte, er habe sich überhaupt nicht verändert. Wir wollen, dass das Rad sich dreht, der Rubel rollt und der Karren läuft – alles muss immer weitergehen, sonst kann man sich ja gleich in die Grube legen.

Aber der Tipp, seine Eigenschaften immerhin auf die Vollendung auszurichten, ist so verkehrt nicht: Den Geschmack, das Denken, die Urteilskraft und die Willensstärke zu schulen, hat noch keinem geschadet. Heutzutage ist die Gefahr auch gering, dass man damit vorschnell an ein befriedigendes Ende kommt. Immerhin sind seit dem 17. Jahrhundert 400 Jahre vergangen – man muss sich also 400 Jahre Kulturgeschichte mehr reinpfeifen, um zu einem angemessenen Urteil über die Dinge zu kommen.

Damit ist man erst einmal ein paar Stunden beschäftigt. Oder haben Sie Thomas von Aquins Ausführungen zur Vollkommenheit in seiner *Summa Theologica* im lateinischen Original schon gelesen? Nee, ich auch nicht, wollte gerade anfangen, da kam die Sportschau – und wie soll man seine Vollendung erreichen, wenn man nicht auch weiß, wie der 1. FC Köln gespielt hat?

Von der Kunst, lange zu leben

Die Kunst, lange zu leben, liegt natürlich nur zum Teil in unserem persönlichen Zuständigkeitsbereich. Aber den Teil, den man beeinflussen kann, sollte man nicht leichtfertig oder dumm aufs Spiel setzen. Mit Handgranaten jonglieren (Kroatien 2001), mit dem Feuerzeug checken, ob sich in einem Tank nichts Brennbares befindet (Brasilien 2003) oder als Terrorist versehentlich mit der eigenen Bombe hochgehen, weil man die palästinensische Sommerzeit mit der israelischen Winterzeit verwechselt (Israel 1999) – diese Kollegen haben sich aus dem Genpool der Menschheit eliminiert, weil sie die Kardinaltugend der «Weisheit» mit Füßen getreten haben. Aber auch an einer anderen Kardinaltugend, der «Mäßigung», können wir drehen. Dass Mäßigung tendenziell ein langes Leben begünstigt, liegt auf der Hand: ein bisschen Sport, vernünftig schlafen und vorher höchstens ein Glaserl Wein – wenn Amy Winehouse so gelebt hätte, wäre sie wohl noch unter uns.

Allerdings wäre Amy Winehouse dann auch nicht Amy Winehouse geworden. Ist es für manche Menschen nicht vielleicht doch besser, an beiden Enden zu brennen und die Mäßigung Mäßigung sein zu lassen? Zum Beispiel für Künstler, die bereit sind, für ihre Kunst einen hohen Preis zu zahlen? Das hat Amy Winehouse auch nicht erfunden: In Thomas Manns «Doktor Faustus» verkauft der Komponist Adrian Leverkühn seine Seele dem Teufel, um dafür musikalische Genialität zu erlangen. Das Wesen großer Kunst besteht nicht selten in ebendieser Maßlosigkeit, die Beschränkungen von Körper und Seele zu ignorieren und die eigenen Grenzen zu sprengen, um etwas Besonderes zu schaffen. Aber Vorsicht: Die wenigsten von uns sind große Künstler. Und der Umkehrschluss ist nicht notwendig richtig: nämlich, dass Maßlosigkeit automatisch große Künstler hervorbringt. Hier stimmt eher das Gegenteil – wer sich bohemehaft jeden Abend den Kopf zuschüttet, ohne den entsprechenden kreativen Output zu haben, verkommt schnell zum Suffkopp oder Möchtegern-Kreativo. Willi Herren oder Ben Tewaag sind so Patienten.

Die haben das Risiko ohne den entsprechenden Ertrag. Und da die meisten von uns eher mit dem Talent von Willi Herren als mit dem von Amy Winehouse bedacht wurden, bleiben Weisheit und Mäßigung als beste Mittel übrig, um das optimale Preis-Leistungs-Verhältnis aus sich selbst rauszuschlagen.

Seien Sie unbefangen

Vielleicht ist es eine Binsenweisheit – aber sie ist nicht jedem bekannt, denn sonst bräuchte es keine Gewerkschaften: Mit seinem Chef kann man reden! Und selbst wenn er verrückt ist und Sie gelegentlich fragt, ob Sie es waren, der nachts die Blutflecken auf seinen Büroschrank gespritzt hat (ist mir schon passiert, ohne Quatsch!) – wenn Sie ein begründetes Anliegen haben, eine Frage oder gar das Gefühl, eine Gehaltserhöhung verdient zu haben: immer nur frei von der Leber weg! Bitten Sie um einen Termin und tragen Sie Ihr Anliegen vor. Dazu braucht es nur ein bisschen Mut – aber was soll schon passieren? Sie werden schon keine Unverschämtheiten von sich geben. Verhalten Sie sich nicht verdruckst oder unterwürfig, sondern freundlich und offen. Die meisten Menschen geben doch gerne Auskunft, selbst Ihr Chef.

Überhaupt werden Sie überrascht sein, wie okay die meisten Chefs sind. Die haben nämlich auch Freunde und Familie, verbringen ihre Freizeit als Banjospieler in einer Dixielandkapelle und müssen sich beim Beantragen eines neuen Personalausweises im Einwohnermeldeamt schikanieren lassen. Und weil Chefs die gleichen Sorgen und Nöte, ähnliche Ängste, Vorlieben und Abneigungen haben wie Sie, können Sie sie auch darauf ansprechen. Das gilt für alle Respektspersonen und in allen Situationen: Wenn der Koch in Ihrem Lieblingsrestaurant gewechselt hat und der neue Koch nur die Geschmacksrichtung «verbrannt» kennt, sagen Sie nicht «danke» auf die Frage des Kellners, ob es geschmeckt hat. Äußern Sie Ihre Bedenken. Nicht angepisst und beleidigt, sondern offen und ehrlich – wie soll der arme Kerl in der Küche es sonst lernen? Und vielleicht ist sogar ein Espresso aufs Haus drin? Unbefangenheit wirkt offen und sympathisch, egal, ob Sie Kritik oder Lob äußern: Wenn Sie ein Buch besonders beeindruckt hat, schreiben Sie dem Autor über den Verlag ruhig eine kurze Notiz oder eine E-Mail. Überraschenderweise kommt das meistens beim Adressaten an! Bei Fernsehstars oder Hollywood-Größen ist die Chance natürlich etwas geringer. Und natürlich müssen Sie auch immer das Gebot der Angemessenheit berücksichtigen – was hätten Sie schon Angelina Jolie *wirklich* Wichtiges zu sagen?

Wenn Sie den Bundespräsidenten mit seiner Familie im Stadtpark privat Eis schlecken sehen, schleichen Sie sich also bitte nicht von hinten an, um sich durch die Security-Männer zu kämpfen, dem guten Mann auf die Schulter zu klopfen und – tataa, ihm zu erzählen, was Sie ihm schon immer mal sagen wollten, dass Sie auch aus Osnabrück sind und sogar auf derselben Schule waren wie er. Hier steht der Aufwand in keinem Verhältnis zum Anliegen – das wäre dann doch ein bisschen zu viel der Unbefangenheit.

Drücken Sie sich NICHT IMMER klar und deutlich aus

Das ist genau das Gegenteil von dem, was man so in der Schule lernt. Aber hier sind wir nicht in der Schule, sondern im Krieg: im darwinistischen Kampf ums Dasein – nämlich um die größte Zimmerpflanze, den schnittigsten Dienstwagen, um die hübscheste Sekretärin, kurz: um das längere Ende der Wurst. Und im Krieg sind alle Mittel erlaubt, selbst die unlautersten, so wie dieses.

Angenommen, Sie sind während einer heißen Verhandlung in einer E-Mail klar und deutlich: Man wird Sie darauf festnageln! Seien Sie schwammig, antworten Sie knapp und einsilbig – oder erst mal gar nicht. Problematische Diskussionen führt man besser per Telefon, nie per E-Mail. Der Adressat wird Ihre Mail sonst weiterleiten, und Sie stehen dumm da. Gerade wenn's hitzig wird, rutscht einem schon mal ein falsches Wort heraus. Am Telefon kann man Ihnen nichts nachweisen – selbst wenn einer mithört, können Sie im Zweifelsfall immer noch sagen, man habe Sie missverstanden. Es gibt noch einen weiteren Grund für nebulöse Formulierungen. Was alle verstehen, wird geringgeschätzt. Ist so! Wenn man etwas verrätselt daherkommt, dann heben die Leute die Augenbrauen und sagen, hört, hört! Sie sind so damit beschäftigt, über die Bedeutung Ihrer Worte nachzudenken, dass sie gar nicht dazu kommen, den Sinn zu tadeln – wie auch, wenn der Text ohnehin nicht beim Schwanz zu packen ist!

Wenn Sie allzu eindeutig formulieren, wirken Sie dümmer als Ihr Leser oder Zuhörer, der sich sagt: Ja, habe ich auch schon gewusst. Sie müssen also immer eine Handbreit unkonkreter formulieren, als es nötig wäre. Diese Regel ist recht bedauerlich – denn eigentlich sollten alle Menschen Freunde einer klaren Sprache sein. Aber was soll man machen – die Welt ist eben schlecht. Sorry!

Hegen Sie keinen Widerspruchsgeist

Man sitzt in munterer Runde zusammen, und – jeder kennt's – einer ist dabei, der immer widerspricht. Immer! Und zwar zuweilen, ohne überhaupt wirklich zugehört oder gar nachgedacht zu haben. Einfach so, aus Reflex, Schwatzsucht und aus Überzeugung der eigenen Großartigkeit. Das killt nicht nur jedes Gespräch, sondern vor allen Dingen jeden kreativen Prozess, zum Beispiel den der Ideenfindung. Im ersten Stadium muss erst einmal *jeder* Gedanke erlaubt sein – ein sofortiges «ja, aber …» erstickt die Entwicklung schon im Keim. Klar, eine neue Idee muss zuweilen auch mit Gegenargumenten beschossen, quasi einem kreativen Stresstest unterworfen werden, damit man sieht, ob sie auch Bestand hat – aber wenn das aus Prinzip geschieht, aus purem Eigensinn, so handelt sich der Renitenzling den Vorwurf des Unverstands ein.

Schließlich wollte man nur plaudern und nicht gleich einen verbalen Kleinkrieg anfangen! Wie eine Gräte den leckersten Fischhappen zu einem ungenießbaren Bissen macht, den man ausspuckt, so verdirbt der Widersprecher die angenehmste Unterhaltung.

Lassen Sie es nie zum Bruch kommen

Aufsässige Nachbarn, nervige Eltern, maulige Kollegen, penetrante Sportkameraden – täglich wächst die Anzahl der Leute, die einen mal gepflegt kreuzweise können. Es gibt Menschen, die wünschen sich deswegen nichts sehnlicher als einen Lottogewinn – nicht wegen des Geldes und seiner Annehmlichkeiten, nein: weil sie es sich dann leisten könnten, dem Chef oder dem verhassten Kollegen den Mittelfinger zu zeigen. Wie erbärmlich und wie klein! Wenn es einem denn so schlimm geht im Büro: Warum hat man nicht den Mumm, etwas zu ändern? Entweder an der Stimmung im Büro oder an sich selbst – oder zur Not an seiner Arbeitsstelle? Muss dafür erst ein Lottogewinn her? Der Wunsch, es zum Bruch kommen zu lassen, fällt auf den Wünschenden zurück und lässt ihn in einem erbärmlichen Licht erscheinen.

Aber auch sonst – wie groß muss der Hass sein, dass man jemandem die Brocken vor die Füße schmeißen und schreien möchte: «Ich will dich nie wiedersehen, du abgeschaufelter Wursttölpel!» Für den Moment würden Sie sich dann besser fühlen und wie Shakira mit aufgesetztem Selbstbewusstsein und wackelndem Hintern durch die Fußgängerzone ziehen, aber: Wenn man Pech hat, hat man den Beschimpften eigentlich ganz gern und muss ein paar Tage später kleinlaut Abbitte leisten. Doch selbst, wenn der Wursttölpel es verdient hat und die Trennung eine Erlösung für alle ist: Warum sollte man sich den Weg verbauen? Wäre es nicht viel klüger, elegant und freundlich einen Schlussstrich zu ziehen? Sei es für einen späteren entspannten Umgang miteinander nach der Trennung; sei es, weil man sich durch die Beschimpfung erst einmal selbst ins Unrecht setzen würde und dem ehemaligen Partner alle Trümpfe in die Hand gäbe, ab sofort und ganz zu Recht schlecht über einen zu reden.

Und hier liegt der Hase im Pfeffer! Wenn Sie mit jemandem brechen, verlieren Sie auch die letzte Einflussnahme über dessen Reden und Tun! Er oder sie wird bei jeder sich bietenden Gelegenheit Übelstes über Sie zu berichten wissen – und Sie können sich nicht mehr wehren! Bei einer lauen und abgekühlten Beziehung können Sie sich wenigstens melden und den Kerl oder die Schreckschraube zur Rede stellen – aber nach einem offenen Bruch machen Sie sich durch so was nur lächerlich. Und zum Schluss die Verwandtschaft: Auch hier sollten Sie die Größe besitzen und den anderen jede erdenkliche Beleidigung, Erniedrigung und Unverschämtheit zumindest nach einiger Zeit nachsehen. Ihre Eltern lieben Sie, aber sie müssen nicht Ihr Leben verstehen – und Sie müssen auch nicht ihr Leben verstehen. Ein Einstellen der Kommunikation wäre bedauerlich – schließlich haben Sie einen Großteil Ihres Lebens geteilt. Und wahrscheinlich würden Sie es eines Tages bereuen.

Finden Sie das Gute in allem

Eine Kollegin, mit der ich beruflich viel unterwegs bin, hat immer Pech. Während ich mein Hotelzimmer noch nie wegen irgendwas wechseln musste, erwischt sie immer, und wenn ich sage immer, dann meine ich *immer*, ausgerechnet das Zimmer, in dem es sich unmöglich länger als fünf Minuten aushalten lässt. Mal brummt die Minibar unerträglich laut, mal lässt sich die Klimaanlage nicht regulieren, mal riecht es nach Rauch, mal ist das Zimmer zu klein, mal schaut man auf einen hässlichen Hinterhof, mal geht der Blick auf eine Durchgangsstraße, mal ist das Zimmer zu nah am rumpelnden Fahrstuhl – irgendwas ist ja immer. Jetzt muss man dazu sagen, dass das Zimmer nicht von der Kollegin selbst bezahlt wird, sondern von der Firma. Und die Firma bucht immer Hotels, die weder die Kollegin noch ich uns privat leisten würden – eher die besseren Häuser am Platz. Es gibt da immer auch kleine Nettigkeiten: Manche Hotels haben eine kleine Spieluhr in der Rückwand des Betts, damit man besser einschlafen kann, manchmal steht zur

Begrüßung ein Obstkorb auf dem Zimmer, zuweilen ist das Duschgel von Hermès, und beim Frühstücksbuffet bereitet der Koch Eggs Benedict am Tisch zu.

Aber die Kollegin findet unter tausend Vollkommenheiten sogleich den einzigen Fehler – eigentlich eine Strafe für die schlechte Zielführung ihrer Aufmerksamkeit. So führt sie ein trauriges Leben, indem sie willentlich immer in die bitterste Frucht beißt und die Unvollkommenheit zu ihrer Leibspeise macht. Beneidenswert hingegen ein anderer Kollege: Der war mal in Bukarest und hat sich in einem billigen Hostel am Bahnhof eingemietet. Dort gab es keine Spieluhr, kein Hermès-Duschgel und keine Delikatessen zum Frühstück. Stattdessen hat er sich auch noch in der mangelhaft gereinigten Bettwäsche Filzläuse geholt und musste sich dann von einem obskuren Arzt in einer frankensteinhaften Klinik Medikamente verschreiben lassen. Statt sich nach seiner Rückkehr lautstark zu beklagen, Bukarest im Allgemeinen und das Hostel im Besonderen zu verfluchen, pries er die zentrale Lage und lobte die heruntergekommene Hütte als die wahre, authentische Rumänien-Erfahrung – der Mann ist ein Glückspilz des Lebens!

Glück und Ruhm

Wer hinter Glück und Ruhm her ist, hängt an zwei ganz schmutzigen Nadeln. Wie – was soll denn jetzt schlecht daran sein, wenn man glücklich werden will? Und was hat Glück überhaupt mit Ruhm zu tun? Erst mal gar nichts – und jeder soll ja auch gerne glücklich sein. Aber: So dauerhaft der Ruhm ist, so unbeständig ist das Glück.

Wer also glücklich ist, muss immer auf der Hut sein, dass er dieses Glück behalte. Und da die Welt sich ständig ändert, kann er nie im Ist-Zustand verweilen, sondern er muss ständig an seinem Glück nachbessern. Ohnehin ist das Glück kein auf Dauer angelegter Zustand, es definiert sich gerade dadurch, dass es aus den Momenten der Gewöhnlichkeit heraussticht, also nicht der Normalfall ist, sondern das Besondere. Und hier trifft es sich mit dem Ruhm: Der Ruhm läuft demjenigen hinterher, der aus der Masse heraussticht – dem Übermäßigen, Ungeheuren. Deshalb wird Ruhm oft mit Glück gleichgesetzt, völlig zu Unrecht natürlich. Und hier ist die schmutzige Nadel: Der Ruhm macht keinen Unterschied zwischen Beifall und Abscheu. Übersetzt: Er macht keinen Unterschied zwischen dem Dalai Lama und Paris Hilton – berühmt sind beide. Egal, ob durch übermäßige Güte oder durch übermäßige Penetranz. Und wer berühmt werden will, aber nicht die Fähigkeiten hat, den Beifall seiner Zeitgenossen zu erlangen, der muss es eben anders versuchen – und das geht bis hin zum Faszinosum des Abscheulichen:

Von der Teilnahme bei Big Brother über die öffentliche Brustvergrößerung, der ersten Ballermann-Single, der gescheiterten Geschlechtsumwandlung bis hin zu Ladendiebstahl, Drogensucht und dem dokumentierten Entzug ist alles möglich. Und da ist das mit der schmutzigen Nadel sogar ganz wörtlich zu nehmen.

Und da ein solcher medialer Rummelruhm dann doch vergänglicher ist als der Ruhm vor 400 Jahren, muss man heute die Dosis der Monstrosität immer wieder erhöhen, um noch den gleichen Aufmerksamkeitseffekt zu erlangen. Dann kann's aber schnell kippen: Irgendwann wollen die Zeitgenossen nichts mehr davon hören – und plötzlich steht man allein mit seiner Ruhmsucht, auf kaltem Entzug. Und runterkommen, das ist hart.

Natur und Kunst

»Die hat sich ihre Natürlichkeit bewahrt», hört man immer als positive Charakterisierung. Aber Natur *ohne* Kunst ist nichts anderes als Barbarei: Selbst in der schönsten Landschaft gibt es Wildwuchs, Schmeißfliegen und Mistkäfer. Und eine natürliche junge Frau braucht immer auch ein wenig Kultivierung, oder, wenn man mag, «Künstlichkeit», also zumindest ein adrettes Kleidchen, ein schmuckes Band im Haar und ein wenig Erziehung. Würde sie nämlich einfach so in einer Gesellschaft rülpsen oder gar blähen, wie es ihr passt, würde der Satz «die hat sich halt ihre Natürlichkeit bewahrt» eher zu Erheiterung führen. Das Gleiche gilt für die Kunst: Wer einen naturgetreuen Blumenstrauß malen will, dem hilft eine Ausbildung zum Floristen nicht viel – er sollte besser malen lernen. Der Weg zur Natur geht über die Kunst. Es gibt ja Momente, da ist jeder von uns ein Künstler – und dann gilt dasselbe:

«Liebe Ragnhild, ich wünsche dir Glück und Zufriedenheit, ein langes Leben und Gesundheit, dein Walter» – so eine Karte kann man auch gleich in die Tonne kloppen, auch wenn der Inhalt ja durchaus stimmen mag und «natürlich» ist. Also flieht man besser in die Kunst – ein kluger Schachzug, wenn man Goethes Gedicht «Natur und Kunst» beherzigt:

Wer Großes will, muss sich zusammenraffen.
In der Beschränkung zeigt sich erst der Meister,
Und das Gesetz nur kann uns Freiheit geben.

Dann ist es aber ein Schock, wenn sich jemand auf einmal durch die Form der Kunst, nämlich durch Versmaß und Reimschema, gebunden fühlt und auf Teufel komm raus reimt – dann zeigt sich in der Beschränkung nicht nur der Meister, sondern auch der Vollidiot:

Hurra, hurra, heut ist es wirklich wahr.
Die Erika wird sechzig Jahr.
Einst war der Popo straff und rund,
Heut leidet sie an Muskelschwund.

Trotzdem wolln wir alle feiern
Und nicht in die Rabatten reihern.
Wir trinken alle auf ihr Wohl!
Verdammt, wo ist der Alkohol?

Man sieht also, manchmal ist auch Kunst Barbarei.

Nicht spitzfindig sein

«Entschuldigen Sie», fragte mich ein Autofahrer an der roten Ampel, «wo geht's denn hier zur Spichernstraße?» – «Ganz einfach», entgegnete ich. «Geradeaus bis zum Aldi, dann ...» – «Aldi Süd!», krähte meine Sitznachbarin dazwischen. «Gut, von mir aus, geradeaus bis zum Aldi Süd, dann die zweite rechts ab. Das ist die Spichernstraße. Parken Sie am besten beim Aldi, denn ...» – «Aldi Süd!», quakte die Beifahrerin. «Gut, parken Sie am besten beim Aldi Süd, denn die Spichernstraße hat überall Parkverbot.» – «Halteverbot!», kam es von rechts. «Ja», sagte ich. «Danke», der Autofahrer und fuhr fort.

Diese Kollegin nehme ich nur ungern mit, genauso ungern, wie ich mit ihr in Konferenzen sitze. Es ist ohnehin schwer genug, in einer Sitzung mit vielen wichtigen Menschen das Wort zu ergreifen. Die Aufmerksamkeitsspanne wichtiger Menschen beträgt nur ein paar Sekunden. In diesen Sekunden einen komplexen Sachverhalt darzulegen, ist ja schon nahezu unmöglich. Wenn dann auch noch von links hinten ein Torpedo mit einem völlig irrelevanten, spitzfindigen Einwand geschossen kommt, ist der Gedanke schon zunichtegemacht, weil man ja erst einmal den Einwand entkräften oder ihn als irrelevant abqualifizieren muss. Und, schwupps, hat jemand anders schon eingehakt, und der eigentliche Gedanke ist weg, bevor er überhaupt ausformuliert wurde. Die Kollegin, glauben Sie mir, macht das absichtlich. Aber nicht, weil sie böse ist, und auch nicht, weil sie dumm ist, sondern weil sie mehr denkt, als für die Sache wichtig ist. Dadurch führt sie eine zu feine Klinge, die dauernd abbricht und stecken bleibt, dass die Sache auf der Strecke bleibt. Tödlich! Selbst wenn sie es täte, um in eigener Angelegenheit meine Sache zu sabotieren und zu vernichten, würde sie über kurz oder lang mit der Sache in den Abgrund stürzen, denn Spitzfindigkeiten sind nahe an der Schwätzerei: Kein Mensch kann sie leiden.

Verstand und Gefühl

Dr. No aus «James Bond jagt Dr. No» ist ein genialer Wissenschaftler – aber da die amerikanische Regierung seine Fähigkeiten geringschätzt, lässt er aus Rache Raketen der NASA abstürzen, um zu beweisen, was für ein schlauer Kopf er doch ist. Dafür bringt James

Bond ihn dann zur Strecke. Dr. No ist ein typischer *evil scientist*. Schlau, aber böse. Prof. Dr. Honigtau Bunsenbrenner aus der «Muppet Show» ist das Gegenteil von Dr. No. Er hat zweifellos redliche Absichten, indem er seinem Publikum in einer Art Schulfernseh-Show seine neusten Errungenschaften vorstellen will. Seine Versuche gehen in der Regel schief – oder verlaufen, wenn was klappt, ganz anders, als Prof. Bunsenbrenner sich das vorgestellt hatte. Meist hat er aber nicht einmal eine Ahnung davon, was er seinem Assistenten Beaker zumutet, wenn er ihn kurzerhand zum Freiwilligen ernennt, der jede neue Erfindung auszuprobieren hat. Die Puppe Prof. Bunsenbrenner hat keine Augen, was seinen Unverstand gegenüber der eigenen Wissenschaft illustrieren soll. Honigtau Bunsenbrenner ist ein typischer *mad scientist*. Verrückt, aber gutherzig.

Beide scheitern daran, dass ihnen jeweils die Eigenschaften des anderen fehlt: Dr. No hat den wissenschaftlichen Verstand, aber kein moralisches Gefühl – Prof. Bunsenbrenner lebt für die Aufklärung seines Publikums – aber es fehlt ihm die wissenschaftliche Befähigung. Nur beide Eigenschaften zusammen – der Verstand *und* das Gefühl – verbürgen das Gelingen einer Unternehmung. Ein wenig anders formuliert kann man das in Jane Austens Roman «Verstand und Gefühl» nachlesen. Dort wird dieser Konflikt allerdings auf Herzensebene, zwischen den verdorbenen Schurken bei Hofe (Verstand, aber kein Gefühl) und den empfindelnden Fräuleins vom Lande (Gefühl, aber kein Verstand) ausgetragen. Am Ende haben dann Emma Thompson und Kate Winslet die Nase vorn – weil sie eben, frische Mädels der Spätaufklärung, beides haben: Verstand *und* Gefühl. Lernen Sie von den beiden!

Die Universität des Lebens

Ich kenne eine Stripperin. Ja, ist halt so. Früher war sie Tänzerin in einer Fernsehshow, für die auch ich gearbeitet habe – heute ist sie eben Stripperin. Auf ihrer Facebook-Seite steht unter «Ausbildung»: «Universität des Lebens». Da schwingt natürlich einiges mit – unter anderem die Missachtung tatsächlicher akademischer Ausbildung, aber auch die Rechtfertigung dafür, warum sie ihrerseits nie einen Schulabschluss gemacht hat: Ihrer Selbstwahrnehmung zufolge deswegen, weil einen das Leben viel mehr lehrt, als einem die Schule je beibringen könnte. Und irgendwie stimmt das ja auch.

Jetzt muss man sich aber zu Recht fragen: Warum ist sie dann Stripperin geworden und nicht, sagen wir mal, Vorstandsvorsitzende von Porsche? Natürlich lautet die Antwort «Weil Tanzen mein Leben ist», gut, ab dann muss man nicht mehr zuhören. Aber es ist tatsächlich so, dass die Universität des Lebens goldene Schätze parat hält. Ohne Mühe lernt man bei Starbucks, in der U-Bahn oder im Einwohnermeldeamt viele Dinge. Jeder Mensch kann einem im Umgang quasi als Doktorvater oder -mutter dienen, ohne es zu wissen – wenn man nur die Augen und Ohren aufmacht. Das Augen-und-Ohren-Aufmachen allerdings, das muss man ja auch irgendwo lernen. Die einen lernen es in der Schule, die anderen im Leben, die Dritten nie. Garantien gibt es keine, die Schicksale sind frei verteilt: Es gibt Millionäre ohne Schulabschluss, Millionäre mit Doktortitel, arme Schlucker ohne Schulabschluss, arme Schlucker mit Doktortitel. Dann gibt es wiederum die, deren Glück überhaupt nicht an Erfolg oder Erfolglosigkeit gekoppelt ist – aber auch die, deren *Un*glück weder an Erfolg noch an Erfolglosigkeit gekoppelt ist. Und es ist nicht gesagt, wem es am Ende bessergeht oder wem peinlicher zumute ist: dem Mädchen, das im «Stardust» mit gepuderten Brüsten dem Porsche-Vorstandsvorsitzenden einen Geldschein zwischen den Zähnen abnimmt – oder dem Vorstandsvorsitzenden, dem mit beschlagener Brille und Bierschaum im Schnauzbart in dem Moment seit Monaten endlich mal wieder richtig heiß der Wind um die Ohren weht.

Die Sache und die Art

Bätsch, Kartoffelbrei in den Napf, Essen fassen! Kann man machen. Der Kartoffelbrei ist dann die Sache. Oder man serviert denselben Brei, aber mit einer feinen Tülle gespritzt und ein wenig Petersilie garniert, auf einem hübschen Teller. Guten Appetit! Eine Sache, zwei Arten. Jetzt kann man sagen, das sei ja das Gleiche. Der eine Brei schmeckt so gut oder so schlecht wie der andere. Stimmt schon – aber wir essen ja nicht nur mit dem Mund. Während der erste Brei der reinen Nahrungsaufnahme dient, signalisiert man mit dem zweiten, dass man ihn wertschätzt, dass man Arbeit und Liebe hineingesteckt hat. Man zollt der Kartoffel ein wenig Respekt, und den bewirteten Gästen auch. Es gibt Menschen, die finden die Sache wichtiger als die Art, denn sie halten den Kartoffelbrei für das Wesentliche, die Servierweise und Garnitur aber für überflüssigen Firlefanz. Ich hingegen behaupte: Auch auf die begleitenden Umstände kommt es an. Man könnte sogar so weit gehen zu sagen, erst die begleitenden Umstände unterscheiden den Menschen vom Tier, die Kultur von der Barbarei und Hansi Hinterseer von Gunter Gabriel. Okay, vielleicht kein so gutes Beispiel – aber Sie verstehen schon. Eine Cola auf dem Markusplatz schmeckt besser als eine Cola an der Autobahnraststätte – deshalb kann der Wirt es sich leisten, auf dem Markusplatz 9,50 Euro dafür zu nehmen! Es geht eben nicht nur um Kartoffelbrei oder um Cola, sondern um eine Haltung zur Welt.

«Ey, Zucker, aber zack, zack!» wird vermutlich eher auf Unwillen stoßen als «Entschuldigung, könnten Sie mir bitte mal den Zucker reichen?», obwohl es in der Sache nahezu identisch ist: Jemand wünscht sich Zucker. Andererseits kann eine gute Art vieles ersetzen: Sie kann ein «Nein» vergolden, bittere Wahrheiten versüßen und alles in rosenrotes Licht tauchen. Der Ton macht die

Musik! Jetzt gibt es aber auch Menschen, die gehen noch weiter als ich: Sie setzen die Art über die Sache. Das hat dann immer was Verkünsteltes, Eititeihaftes! Im Barock zum Beispiel, wo nicht jeder Schnörkel eine Funktion hat, tritt die Sache ganz in den Hintergrund, zugunsten der Art. Auch wieder nicht richtig. So was passiert, wenn der Kartoffelbrei von einem Kellner in Livree serviert wird, unter einer silbernen Wärmeglocke – und er heißt natürlich nicht «Kartoffelbrei», sondern «Mousse von *pommes de terre* nach Duchesse-Art, an einer Phantasie von Gartenkräutern».

Das Ganze hat durchaus auch eine politische Dimension: Während der Kommunismus auf die Art gar nichts gab (Plattenbauten! Sättigungsbeilage!) und im Bewusstsein für die nach seinem Verständnis richtige Sache lebte, übertreibt es der Kapitalismus zuweilen in die andere Richtung. Denn hier muss man schließlich gewählt, bevorzugt, gekauft werden. In der demokratischen Diskussion zählt die Art genauso viel wie die Sache – aber ganz schnell geht es ums Überreden und Bequatschen – und dann treibt die Art schnell orchideenhafte Blüten. Dann gilt die Regel: «Wissen Sie zu wählen!» Mineralwasser von den Fiji-Inseln zu trinken, Schuhe gut zu finden, weil man an ihren roten Sohlen den Preis erkennt, oder die Mode von Harald Glööckler zu kaufen: Man kann's auch übertreiben mit dem Chichi.

Wissen Sie genau, was Sie nicht können

In dunklen Momenten blättert man in einer Fernsehzeitschrift – und sieht hinten auf der letzten Seite Kurse, die man in einem Fernstudium belegen kann. Nachdem man dann gesehen hat, was man alles schon abhaken konnte (vielleicht «Abitur» oder «Englisch für Anfänger»?), wird einem bald bewusst, was man alles im Leben *nicht* erreicht hat. Ich zum Beispiel bin bis heute kein «Staatlich geprüfter Feng-Shui-Berater». Genauso wenig kann ich eine Ausbildung zum «Industriemeister Metall» vorweisen. Und für das Zertifikat zum «Tierheilpraktiker» ist es vermutlich auch endgültig zu spät. Statt darüber zu jammern, welche Türen einem wohl für immer verschlossen bleiben, sollte man sich darüber freuen, welche Türen sich bereits geöffnet haben – eben durch die (wie auch immer begrenzten) Fähigkeiten, die man sich erworben hat. Denn diese Türen wären einem *sonst* verschlossen geblieben. Und hinter diesen Türen warten weitere Türen, hinter denen weitere Türen warten! Konzentrieren Sie sich also auf die Perfektionierung Ihrer Stärken!

Anders ist es mit mangelnden Charaktereigenschaften: Dem einen fehlt eine gewisse Grundfreundlichkeit, dem Zweiten der Fleiß, dem Dritten die Kompromissbereitschaft. So talentiert man auch sein mag: Fast immer braucht es zur Durchsetzung des Erfolgs eben nicht nur die fachliche Qualifikation, sondern auch den ganzen Rattenschwanz an Primär-, Sekundär- und Tertiärtugenden.

Meist wäre diesen Übelständen leicht abzuhelfen, wenn man sie nur selbst bemerken würde. Also: Wenn's im Job nicht so richtig fluppen will, nicht auf die Rückseite der «TV Today» schielen, sondern auf die Rückseite des eigenen Ichs.

Labern Sie nicht rum

Es ist ein immer noch weitverbreitetes Missverständnis unter Studenten, dass der Umfang einer Abschlussarbeit irgendetwas über ihre Qualität aussage. Im Gegenteil: Professoren sind angesichts der Anzahl zu lesender Abschlussarbeiten naturgemäß auf Effektivität bedacht und stöhnen eher auf, wenn eine übereifrige Studentin ihre 300-seitige Magisterarbeit mit der Sackkarre im Dekanat abliefert. Jede Wette, dass sie ihre Gedanken auch auf sechzig Seiten hätte formulieren können. Das Gleiche gilt für einen Pitch beim Kunden: Lassen Sie die Idee für sich sprechen! Natürlich sollten Sie die wichtigen Aspekte ausleuchten, aber immer nur so knapp wie möglich und so umfangreich wie nötig. Das Umfangreiche bleibt naturgemäß mittelmäßig, denn wer kann schon Perfektion über eine lange Strecke hinweg herstellen? Dicke Bücher sind eher dafür geschrieben, die Arme zu trainieren und nicht den Kopf. Umso bescheuerter, dass Tageszeitungen ihre freien Mitarbeiter noch nach der Anzahl der gedruckten Zeilen bezahlen. Denn daraus folgt: Je besser der Text, desto weniger Geld verdient der Autor. Trotzdem – halten Sie es mit Erich Kästner:

Wer was zu sagen hat,
Hat keine Eile.
Er lässt sich Zeit und sagt's
In einer Zeile.

Seien Sie unberechenbar

Es gibt selbst für die Besten schlechte Nachrichten: Auch wenn Sie jeden Tag Weltklasseleistungen bringen – die Welt wird es Ihnen nicht danken. Weil sie sich schnell langweilt. Die Welt will Abwechslung, sie will ihre Helden hinfallen sehen, aufstehen und wieder hinfallen und wieder aufstehen. Deshalb reicht es nicht, immer wieder spitze zu sein – Sie müssen auf variable Art spitze sein. Selbst, wenn Sie im Erfolg keine Feinde oder Widersacher haben – Sie werden welche bekommen: Sei es, weil diese Ihren Stil kopieren und Sie damit Ihr Alleinstellungsmerkmal verlieren, sei es, dass der reine Neid Sie runterziehen will.

Es ist leicht, einen Vogel zu treffen, der seinen Flug in gerader, stetiger Richtung nimmt. Viel schwerer ist es, etwas zu erwischen, das ständig die Richtung wechselt und Haken schlägt. Aber selbst diese Regel hat eine Ausnahme, denn Ihre Widersacher liegen auf der Lauer und sind schlau. Schon beim zweiten Mal werden sie Ihre Haken durchschaut haben und Netze aufstellen, in denen sich Ihre Schwalbenhaftigkeit verfangen soll. Jetzt kommt die Schwanenhaftigkeit! Ziehen Sie Ihre Bahn auf einmal ruhig und stetig, und der Gegner steht blöd da mit seinen nutzlosen Netzen, weit unter Ihnen. Dazu bedarf es natürlich einer gewissen Könnerschaft. Sie müssen ein großes Portfolio an Verhaltensweisen haben, um immer wieder frisch, neu und überraschend zu sein.

Setzen Sie Ihre Torheiten nicht fort

Karneval sah ich einen als Schlumpf verkleideten Mann. Er trug eine weiße Mütze auf dem Kopf und hatte das Gesicht blau geschminkt. Um den Hals hatte er an einer Kette drei leere Miniaturflaschen «Kleiner Feigling». Ein paar Mädchen gingen an ihm vorbei, klimperten lustig an seiner Halskette und zogen ihrer Wege. Eine Stunde später sah ich ihn wieder, dieses Mal mit acht oder zehn Miniflaschen um den Hals, alle leer. «Hast du die alle selbst getrunken?», fragte ich ihn. Er fasste das als Anerkennung auf, bejahte stolz und merkte wohl: Die Flaschenkette um den Hals kommt an, und zwar besser als sein Schlumpfenkostüm.

Jetzt braucht es keinen Doktortitel, um zu ahnen, dass die Richtung, die der junge Mann eingeschlagen hatte, kein gutes Ende nehmen konnte. Er allerdings nahm das misslungene Unternehmen als Verpflichtung und betrachtete es wohl als Charakterstärke, auf diesem Irrweg weiterzuschreiten. Als ich nach Hause ging, sah ich ihn auf dem Bürgersteig liegen. Über dreißig «Kleine Feiglinge» hingen ihm um den Hals, alle offenbar selbst geleert, denn der Mann schlief. Die Party war für ihn frühzeitig vorbei. Nun ist man ja im Karneval wissentlich und willentlich als Narr unterwegs – aber man muss es ja nicht aller Welt zeigen, dass man es derart ernst meint mit der Narrheit. Der junge Mann wird seine Torheit bitter bereut haben – und noch Tage später sah man wie als Mahnung und Warnung einen kleinen blauen Fleck auf dem Bürgersteig vor der Tür der Kneipe – dort, wo der Schlumpf sein Gesicht zum Schlafen hingelegt hatte.

Ein bisschen Jovialität schadet nicht

Um es mal vorsichtig zu formulieren: Die Sachargumente sprechen nicht unbedingt für einen, wenn man, noch verheiratet, auf der Weihnachtsfeier seines Arbeitgebers die Firmensekretärin schwängert. Wenn dann noch der eigene Manager versucht, die peinliche Lage zu vertuschen, und zwar mit folgenden Worten: «Franz

Beckenbauer und die verleumdete Dame, die sogenannte Mutter, die es gar nicht gibt, werden das beide dementieren!», dann reitet man sich nur noch mehr in die Grütze, und zwar so, dass man eigentlich gar nicht mehr rauskommt. Es sei denn, man beachtet diese Regel: Ein joviales Gemüt schadet nicht! Franz Beckenbauer hat sich aus der misslichen Lage mit einem jovialen Scherz befreit. Er hat nicht versucht zu dementieren, er hat in einem Interview die Affäre zugegeben und gesagt: «Der liebe Gott freut sich über jedes Kind!» Indem er mit einem launigen Spruch die Waffen streckt, legt er Friedfertigkeit an den Tag, und die ist schon immer ein Magnet der Herzen. So hatte er sich auf dem kürzesten Weg aller Verwicklungen entledigt und stand besser da als je zuvor. Bravo!

Mangelnde Jovialität kann einen im Gegenteil sogar den Job kosten. Gleiche Branche, gleicher Anlass, anderes Beispiel: Als Werner Kasper noch Trainer des Wuppertaler SV war, verließ er die Weihnachtsfeier seines Vereins stocknüchtern um 22 Uhr 15. Der frühe Aufbruch sei «nicht gerade ein Zeichen grenzenloser Solidarität mit dem Verein», so Clubchef Friedhelm Runge. Er entließ den Trainer, weil Kasper eben jenes joviale Gemüt fehlte, durch das Beckenbauer glänzte. Man könnte auch sagen, dass es der erste Rauswurf wegen zu wenig Alkohol war. Also: Eine Dosis Munterkeit würzt alles! Das heißt jetzt aber nicht, dass Sie sich prompt besaufen und an die Sekretärin ranschmeißen sollten.

Fleiß und Talent

Ach, wir kennen sie, die schlampigen Genies und die ewigen Talente, die Mario Baslers, Bernd Schusters, Lars Rickens. Ihr Talent bescherte ihnen die größten Erfolge gleich zu Beginn ihrer Karriere, sie waren begnadete Fußballer, die dann aber immer den gigantischen Erwartungen hinterherliefen, bis sie dann in ihren Dreißigern die Laufbahn beendeten, obwohl man sie gerade erst der U21 entwachsen glaubte. Und dagegen die anderen, die emsigen Fußballarbeiter und Wasserträger, die Hans-Peter Briegels, Berti Vogts und Jürgen Kohlers dieser Welt. Auch sie hatten ein gewisses Talent, Rumpelfüßler war keiner von ihnen. Von dem Kaliber allerdings gibt es immer noch hundert andere auch. Nicht ihr Talent hat sie so weit gebracht, sondern ihr Fleiß – alle drei sind sie Welt- oder Europameister geworden.

Ohne Talent kommt man sowieso nicht weit – aber wenn der Fleiß einen im Stich lässt, reicht es nie für den WM-Titel. Mit Fleiß bringt es ein mittelmäßiger Spieler weiter als ein Talentbolzen ohne Fleiß. Der ärgerliche Spruch, dass zum Erfolg neunzig Prozent Transpiration und nur zehn Prozent Inspiration gehören, ist bloß deshalb so ärgerlich, weil er wahr ist.

Wissen Sie sich zu helfen

Meine Mutter hat ein Bügelbrett, bei dem sich auf der einen Seite so eine Metallhalterung befindet, auf der man das heiße Bügeleisen kurz abstellen kann, ohne dass die Wäsche oder der Textilbezug des Bretts Brandlöcher bekommt. Damit hatte meine Mutter aber jahrelang ein Problem: Wollte man das Bügeleisen auf diesem Halter abstellen, hing das ganze Kabel quer über das Bügelbrett, weil der Halter auf der linken Seite des Bretts, die Steckdose fürs Bügeleisen aber rechts vom Bügelbrett war. Außerdem fragte sie sich: Wer ist eigentlich so bescheuert und konstruiert Bügelbretter für Linkshänder? Wäre es nicht viel sinnvoller, den Halter auf der rechten Seite anzubringen, an der Seite der Hand, mit der man in der Regel auch das Eisen führt?

Mit dieser Klage wandte sie sich an meine Schwester, die sich angesichts der jahrelangen Fährnisse, die meine Mutter mit dem Bügelbrett auszustehen hatte, kreischend vor Lachen auf dem Boden wälzte. Als sie sich wieder beruhigt hatte, war nach Jahren des Leids, des Schmerzes, des Schimpfens auf den unfähigen Hersteller innerhalb einer Sekunde das Problem behoben: Sie drehte das Bügelbrett einfach um.

*Zurückhaltung ist ein sicherer Beweis
von Klugheit*

Sie können es sich aussuchen: Entweder Sie halten es mit dem spätantiken Neuplatoniker Boethius oder mit der Komiker-Flitzpiepe Mario Barth. Der eine sagt «SI TACUISSES PHILOSOPHUS MANSISSES» – «Wenn du geschwiegen hättest, wärst du ein Philosoph geblieben». Der andere meinte: «Janz wichtig: Fresse halten angesagt!» Aber beide meinen das Gleiche: Die Zunge ist ein wildes Tier – und einmal losgelassen, ist sie schwer zu bändigen. Der Weise überlegt nicht, ob es *möglich* ist, etwas zu sagen, sondern ob es *nötig* ist, etwas zu sagen. Natürlich gibt es auch schweigsame Dumme, aber das merkt man ja erst, wenn der Dumme etwas sagt. Denn solange der Dumme schweigt, ist er ein wortkarger Weiser.

Schein und Sein

Na klar, «mehr sein als scheinen», «das ist alles nur schöner Schein», «der Schein trügt» – der Schein ist der missratene Halbbruder des Seins und hat einen miserablen Ruf. Wir alle wollen viel lieber toll sein als toll scheinen. Wenn man schon eine Unterscheidung zwischen Schein und Sein macht, gibt es zwei Möglichkeiten:

Entweder, man ist mehr, als man scheint, und genießt, weil die anderen das wissen, so ein gutes Ansehen, oder man scheint mehr, als man ist, und gilt, sobald die anderen das spitzkriegen, als Hochstapler. Aber Achtung – so einfach ist die Sache nicht! Zunächst zum «mehr sein als scheinen»: Hä, denkt man sich nach der mündlichen Prüfung, das hätte ich besser gekonnt! Natürlich hätte ich die Antworten eigentlich alle gewusst, aber sie sind mir nicht eingefallen, ich war nervös und hab gestottert, und deshalb hat der Prüfer mir eine Vier gegeben. Er dachte, ich hätte keine Ahnung – er hat sich vom Schein trügen lassen! In Wirklichkeit bin ich viel besser! Tatsache aber ist: Sie haben die Antwort im entscheidenden Moment eben *nicht* gewusst – und woher soll der Prüfer den Unterschied erkennen zwischen einem, dem nur gerade die Antwort nicht einfällt (keine Antwort), und dem, der überhaupt nicht gelernt hat (auch keine Antwort)? Das wirft ein anderes Licht auf das Verhältnis zwischen Schein und Sein: Der Prüfer kann Ihr Sein nur nach dem beurteilen, was ihm aufscheint – er kann ja nicht für ein Sein beurteilen, das Sie nicht zeigen.

Sprachwissenschaftlich gesprochen geht es um den Unterschied zwischen Kompetenz und Performanz. Kompetenz ist das, was Sie können (das Sein). Und die Performanz ist das, was Sie abliefern (der Schein). Tatsächlich gibt es aber erst mal gar keinen Unterschied zwischen Kompetenz und Performanz, denn Ihre Kompetenz ist für andere eine Black Box. Alles, was wir von Ihnen wissen und kennen, an Ihnen mögen, lieben oder verachten, erschließen wir aus Ihrer Performanz – woher auch sonst? Alles andere wäre ja Unterstellung. Und das wirft ein interessantes Licht auf den Schein – Sie mögen sich für einen brillanten Plauderer halten und glauben, dass der Schein des Langweilers trügt. Aber wenn Sie die Performanz des amüsanten Smalltalks nicht abrufen, sind Sie eben tatsächlich ein Langweiler. Sorry!

Jede Idee ist nur so gut wie ihre Umsetzung! «Irgendwann werde ich es euch allen zeigen», «Wenn ich wollte, könnte ich den großen Berlin-Roman schreiben», «Ich kann viel besser singen als die Finalisten von DSDS», o. Ä. Erst wenn Sie aufbrechen, um aus der vermeintlichen Kompetenz eine Performanz zu machen, werden Sie erleben, wie es wirklich um Ihre Kompetenz steht. Denn die Stolpersteine ergeben sich ja erst auf dem Weg der Realisierung! Um bei unserem Eingangsbeispiel zu bleiben: Erst in der Prüfungs*angst* zeigen sich die Probleme.

Und erst recht werden sich Ihnen bei neuen Ideen, Projekten, Plänen, Karriereträumen Dinge in den Weg stellen, von denen Sie bisher nicht einmal ahnen, dass es sie gibt: Finanzierungsschwierigkeiten, Kompromisse mit Vertragspartnern, Ermüdung des Materials, Bocklosigkeit, Schreibhemmung, Zeitmangel und Qualitätsschwankungen. Und das ist erst ein Bruchteil möglicher Probleme – die wirklich komplizierten tauchen erst auf, wenn Sie sich auf den Weg machen. Hier gilt es dann, in der Performanz Ihre Kompetenz zu beweisen – viel Spaß dabei! Scheuen Sie aber die Herausforderung, sind Sie nur ein Maulheld, und nicht etwa ein verkanntes Genie. Schwimmen lernt man im See, Schlittenfahren im Schnee. Das Küssen lernt man nur im Land der Liebe allein, nachts bei Mondenschein! Das ist nicht von mir, sondern stammt von der Schlagersängerin Manuela, die das 1961 sang.

Jetzt kommt natürlich schnell der Einwand: Aber was ist, wenn die Performanz die Kompetenz nur vortäuscht? Oder, anders ausgedrückt: wenn die Performanz größer ist als die Kompetenz? Dann haben wir es mit Angeberei und Hochstapelei zu tun. Die Hochstapelei hat es aber auch gar nicht so leicht. Bei vielen Dingen funktioniert sie schlicht gar nicht, beim Schwimmen zum Beispiel geht man unter, wenn man es nie gelernt hat – selbst wenn man sich vorher mit Profi-Schwimmbrille und Ganzkörperlatex-Anzug am Beckenrand warm dehnt. Wer behauptet, perfekt Französisch zu sprechen – aber dann im Restaurant statt des bestellten *coq au vin* eine Portion Jakobsmuscheln bekommt, der hat ebenfalls durch seine Performanz nur ziemlich mangelhafte Kompetenz unter Beweis gestellt. Wer aber behauptet, ein waschechter Prinz oder ein Hirnchirurg zu sein und auch eine perfekte Prinzen-Performanz oder Hirn-OP hinlegt, bei dem scheint es ja zu funktionieren. Der falsche Prinz macht zweierlei: Entweder er stellt unter Beweis, dass adelige Umgangsformen eh nur auf Konvention beruhen und dementsprechend erlernbar sind – dann ist er, so gesehen, auch ein perfekter Prinz. Oder aber er führt der Welt vor, dass sie betrogen sein will. Und dann ist die Umwelt schuld, dass sie sich so gerne durch Titel aufs Glatteis führen lässt.

Das ist jetzt kein Aufruf, sich eine Phantasieuniform zu kaufen und mit einem geliehenen Rolls-Royce durch St. Tropez zu cruisen. Damit stellt man nur unter Beweis, was für naive Vorstellungen man selbst (und vielleicht noch eine Handvoll anderer Volltrottel) vom Leben eines echten Prinzen hat. Denn das Argument der Hochstapler, der Gesellschaft einen Spiegel vorzuhalten, ist nur der unzureichende Versuch, zu kaschieren, dass der Hochstapler offenbar unter der Diskrepanz zwischen Monster-Ego und Zwergen-Aufmerksamkeit litt und auf jede erdenkliche Art Abhilfe schaffen wollte.

Und Sie sind natürlich Manns genug und in der Lage, einerseits Ihr Ego und andererseits Aufmerksamkeit der Umwelt auf anständige Art in Einklang zu bringen. Oder?

Machen Sie nichts, was in schlechtem Ansehen steht

Der Weg nach oben ist steinig und hart, und die geltende Währung für den Wegezoll heißt Aufmerksamkeit. Das gilt für Prominente in den Klatschblättern genau wie für Angestellte im Büro – irgendwie muss man aus der grauen Masse hervortreten, um wahrgenommen zu werden. Dazu ist aber nicht jedes Mittel recht, und die Waffen wollen wohl gewählt sein. Was auch immer passiert: Lassen Sie sich nicht in einer Badewanne voll Mousse au Chocolat fotografieren! Lassen Sie nicht in einer japanischen Gameshow Ihren Busen wiegen! Pinkeln Sie nicht vor Zuschauern in einen Waschzuber! Sehen Sie zu, dass Sie als zwanzigjähriges Mädchen nicht auf dem

Schoß eines neunzigjährigen Millionärs erwischt werden! Durch derlei wunderliche Aktionen werden Sie zwar schnell allgemein bekannt, doch eher als Gegenstand des Lachens als des Ruhms.

Was anderes ist es, wenn Sie (auf welchem Weg auch immer) es bereits nach oben geschafft haben. Wobei Sie es wirklich bis *ganz* oben geschafft haben müssen. Dann kann Ihnen selbst die grillenhafteste Aktion noch zum Vorteil gereichen! Silvio Berlusconi hat sich Bunga-Bunga-Partys gegönnt, und Gérard Depardieu kann es sich sogar leisten, kurz vor dem Start seines Flugzeugs aufzustehen, die Hose runterzulassen und vor allen Leuten in den Gang zu pinkeln. Und was passiert mit Monsieur? Gar nichts! Wer im Bewusstsein lebt, dass ihm so schnell nichts passieren kann, der kann zwangsläufig härter am Wind segeln als andere.

Also, Dinge zu vermeiden, die in schlechtem Ansehen stehen, gilt – rein gesellschaftlich gesehen – nur von unten nach oben. Von oben nach unten können Sie sich einigen Quatsch erlauben. Nicht schön, aber so ist's nun mal. Aber grämen Sie sich nicht: Wenn Sie mal ins Flugzeug pinkeln, bekommen Sie zwar Hausverbot bei der Fluglinie, aber außer ein paar anderen unbekannten Passagieren bekommt das keiner mit. Die Anonymität hat auch Vorteile.

Winke zu verstehen wissen

«Es zieht!» heißt natürlich nichts anderes als «Mach das Fenster zu!» Und «Oh, ist ja schon spät!» in Verbindung mit dem Abräumen der Gläser und dem Leeren des Aschenbechers ist eine kaum verborgene Umschreibung für «Sieh zu, dass du dich schnell verabschiedest, ich bin nämlich todmüde und muss ins Bett!». Solche Winke versteht fast jeder. Der Linguist nennt sie «indirekte Sprechakte». Interessant wird der indirekte Sprechakt bei bitteren Wahrheiten: Die Ablehnung wichtiger Dinge wird oft versüßt dargereicht, eben weil der Ablehnende um die Bedeutung der Entscheidung weiß: «Mit besten Wünschen für Ihren weiteren Lebensweg verbleiben wir mit freundlichen Grüßen, Ihr XY» heißt: «Sorry, aber vergessen Sie es, wird nichts mit der Stelle bei uns!»

Je höflicher das Gegenüber ist, desto verklausulierter ist oft die Absage, der Rauswurf oder der Korb. Diese Winke zu lesen ist oft eine Kunst, wenn man zum Beispiel Hals über Kopf verliebt ist. In Beziehungsfragen klaffen Wahrnehmung und Wirklichkeit oft weit auseinander. Während sie denkt «wie deutlich muss ich eigentlich noch werden, bis er es rafft, dass ich nichts von ihm will?», träumt er noch davon, ihr aus dem Hubschrauber Baccararosen vors Haus zu werfen, «damit sie endlich versteht, wie es um mich steht». Dabei hat sie längst verstanden. Sie will bloß nicht. Der Erfolg von Dieter Bohlen verdankt sich auch seinem Unwillen zur Verklausulierung. Er nennt seine direkten Urteile «nichts als die Wahrheit» – und das versteht auch der Dümmste. Der höfisch-höfliche Umgang entspricht offenbar nicht seinem Naturell – und um der Show willen darf er seine Castingabsagen auch gar nicht höflich formulieren, das würde ja gar keinen Spaß machen.

Und so illustriert Bohlen hervorragend das Spannungsfeld zwischen Wahrheit und Lüge, Aufrichtigkeit und Verstellung, Aufklärung und Barock: Muss man jemandem mit einer dicken Nase direkt sagen, dass er eine dicke Nase hat? Muss man jemanden, der nicht singen kann, als «musikalisch inkontinent» bezeichnen, oder soll man es ihm durch die Blume sagen – «du musst noch viel üben»? Ist die direkte Variante jetzt aufgeklärt, nichts als die Wahrheit – und die indirekte nur barocke Lüge und Verstellung? Oder hält man es eher subtil, versüßt die bittere Medizin und verzichtet darauf, jedem seine Meinung direkt ins Gesicht zu krähen? Dann hat man es eher mit Wilhelm Busch:

Da lob ich mir die Höflichkeit,
Das zierliche Betrügen.
Du weißt Bescheid, ich weiß Bescheid;
Und allen macht's Vergnügen.

Treten Sie nicht unter übermäßigen Erwartungen auf

Wenn es erlaubt ist, möchte ich ein persönliches Beispiel anführen. Vor ein paar Jahren hatte ich das außergewöhnliche Glück, als Autor für eine große Show engagiert zu werden. Der Moderator leitete die Show schon lange, mein Anteil am Erfolg war also naturgemäß begrenzt. Das Schiff fuhr, und es fuhr gut. In der Sommerpause erhielt ich eine Anfrage von anderer Stelle – und zwar, die Rede zur Jahreshauptversammlung für den Vorstand eines DAX-Unternehmens zu schreiben. Derlei Anfragen gibt es manchmal, und bevor ich mich dann ans Schreiben setze, verschaffe ich mir einen Eindruck von der Person, die die Rede halten soll. Der Vorstand war Jurist – ein Mann mit viel Energie, aber mit wenig Leichtigkeit und Humor. Das ist okay, sonst wäre er ja Fips Asmussen geworden und nicht Wirtschaftskapitän. Also schrieb ich ihm eine leidenschaftliche Rede, aber ohne Witze, Späße und Kapriolen.

Jetzt hatte man dem Vorstand aber wohl gesteckt, dass der Autor ebenjener Show für ihn schreiben würde, und in der Hoffnung, ich würde aus ihm einen Entertainer machen, erwartete er wohl eine Rede voller zündender Gags, ein Feuerwerk der guten Laune und des geistvollen Esprits. Selbst wenn ich so was schreiben könnte, hätte ich dem Mann keine solche Ansprache geliefert. Denn Witze muss man auch erzählen können, andernfalls verendet die Pointe im tödlichen Schweigen eines peinlich berührten Publikums. Selbst mit einem ausgiebigen Coaching macht man aus einem Braunbären keinen Flamingo, wenn Sie verstehen, was ich meine. Bei dem Vorstandschef war die Enttäuschung groß, als er die Rede las – wofür ich allerdings, glaube ich, nichts konnte. Die Hoffnungen und Erwartungen, die er an seinen Redenschreiber knüpfte und die letztlich aus der Show herrührten, waren einfach zu hoch. Man kann sich die Leichtigkeit eines Entertainers zwar wünschen, aber sie zu verwirklichen ist schwer, und ein anderer kann sie einem nicht in den Mund legen. Daraus hatte ich gelernt – jetzt kläre ich in einem Vorgespräch die Erwartungen ab, um Enttäuschungen zu vermeiden. Umso besser ist es am Ende, wenn die Wirklichkeit dann die Erwartung ein wenig übertrifft. Das gilt übrigens nicht für *negative* Erwartungen: Schlimme Dinge können gar nicht krass genug in den wüstesten Farben ausgemalt werden – wenn es dann schließlich nicht ganz so schlimm kommt wie beschrieben, ist keiner enttäuscht und wird dem Schwarzmaler seine Übertreibungen ankreiden. Vielmehr werden alle erleichtert sein, dass sie noch so glimpflich davongekommen sind. Es ist manchmal verrückt mit der Wahrnehmung.

Seien Sie nicht aus Stein

Bisher war viel die Rede von Strategie, von Taktik, von politischer Klugheit und Berechnung. Vielleicht ein bisschen zu kurz gekommen ist die weiche Seite des Menschen. Ein Freund von mir hat ein paar Kapitel des Manuskripts gelesen und sich darüber beklagt, dass man sich bei Befolgung der Ratschläge zu einem berechnenden, opportunistischen, eiskalten Arschloch entwickeln würde. Nicht doch!

Es gibt ja Menschen, die eine beeindruckende Karriere hingelegt haben, indem sie in jeden Hintern gekrochen sind, der ihnen im Weg stand. Wenn sie dann die gewünschte Position erreicht haben, entschädigen sie sich für die geleistete Anstrengung, indem sie jegliche Zuneigung einstellen und kein nettes Wort mehr sagen. Ihr Vorrat an Freundlichkeit ist auf dem Weg nach oben verbraucht worden – ein aufrichtiges Lächeln kriegen sie jetzt nicht mehr hin, weil ihr Lächeln beim Aufstieg immer nur Mittel zum Zweck war und durch dauernde Verstellung korrumpiert wurde. Das sollte man vermeiden. Lächeln Sie, wenn Ihnen danach ist. Verteilen Sie Ihre Freundlichkeit freigiebig und wahllos, egal, ob an den Chef oder an den Menschen, der die Kaffeemaschine wartet. Werden Sie kein Buchhalter Ihrer Gefühle! Ganz wichtig: Werfen Sie Ihre alten Kontoauszüge weg und behalten Sie Ihre alten Liebesbriefe!

Prügeln Sie sich nicht

Die Discoschlägerei ist ja das Duell des 21. Jahrhunderts. Meist geht es um nix – oder um einen merkwürdigen Begriff von Ehre. Sie meinen, Sie können es nicht auf sich sitzen lassen, wenn jemand Sie «schimmeliges Hasenhirn» genannt hat oder behauptet, «deine Mudder dreht Quadrate beim Tetris»? Doch, Sie können! Ihre Integrität ist doch nicht davon abhängig, wie so ein auf Krawall gebürsteter Hip-Hop-Asi mit quer aufgesetzter Basecap Sie oder Ihre Mutter nennt! Ignorieren Sie den Vogel! Solange Sie eine Konfrontation vermeiden können, tun Sie das. Denn es ist viel leichter, einer Schlägerei aus dem Weg zu gehen, als wohlbehalten aus derselben herauszukommen. Es gehört mehr Größe dazu, sich nicht auf eine Sache einzulassen, als darin zu siegen. Und wenn Ihnen ein Asi von vornherein entgegenkommt mit der Absicht, Ihnen eins aufs Maul zu hauen, ist ja völlig klar, dass es sich um einen Narren handelt. Entschuldigen Sie sich bei ihm und denken Sie bei sich, dass Sie keine Lust haben, in diesem Spiel den zweiten Narren zu geben.

Jetzt kann es aber vorkommen, dass Sie durch eine Verstrickung unglücklicher Umstände der Schlägerei nicht mehr aus dem Weg gehen können. Dann haben Sie eh verloren. Entweder der Gegner schlägt als Erster zu, dann gehen Sie zu Boden und der Kampf ist vorbei, denn der Asi hat bestimmt mehr Erfahrung im Straßenkampf als Sie. Oder aber *Sie* schlagen als Erster zu – eine Strategie, zu der ich dringend raten möchte, falls es absolut keinen Weg mehr gibt, aus der Nummer rauszukommen. In diesem Fall schlagen Sie bitte *richtig* zu, nicht nur so angedeutet. Der erste Schlag muss sitzen, am besten eine Kopfnuss (Ihre Stirn auf sein Nasenbein, aber mit Wumms!) mit einem Sicherheitshaken hinterher. Dann haben Sie gewonnen – aber auch verloren: Denn jetzt sind natürlich Sie derjenige gewesen, der angefangen hat. Vor Ihrer Freundin und vor der Polizei werden Sie sich rechtfertigen müssen. Außerdem sind Sie jetzt offiziell und zertifiziert ein Schläger und um keinen Deut besser als der Depp, der da mit blutender Nase vor Ihnen liegt. Immerhin tut Ihnen nichts weh. Außer Ihrer Stirn natürlich. Und den Fingerknöcheln der rechten Hand vielleicht.

Legen Sie sich einen guten Geschmack zu

«Ich habe bis jetzt», sagt der Junge mit leicht ketchup- und mayoverschmiertem Mund in einem berühmten Amateur-YouTube-Video, «ich habe bis jetzt schon circa fünfzig Big Tastys insgesamt gegessen. Und immer waren sie warm und lecker. Und heute habe ich den ersten Big Tasty gehabt, bei dem der Käse schon außen an der Verpackung festgeschmolzen war. Das heißt, das Teil lag dahinten schon zwanzig Minuten. Der Big Tasty hat nichts mehr mit einem Big Tasty zu tun gehabt ... außer vielleicht dem Aussehen!» Bravo! Der circa dreizehnjährige Gastrokritiker ist ein aufmerksamer Beobachter. Wer in der Binnendifferenzierung zwischen dem einen Big Tasty und dem nächsten Big Tasty solche kulinarischen Unterschiede zu entdecken vermag, der wappnet sich für höhere Aufgaben.

Mit der Zeit bildet sich dann ein Geschmack heraus, man wird kritischer und anspruchsvoller. Und weil man merkt, dass Dinge von höchster Qualität selten sind, geht der Mann von gutem Geschmack mit Superlativen vorsichtig um. Aber verfallen Sie nun nicht ins andere Extrem und mäkeln an allem herum, aus der affektierten Haltung, dass alles immer *noch* besser sein könnte. Affektiertheit simuliert den kritischen Geschmack nur, indem sie prinzipiell Übles an allem findet. Big Tasty hin, Big Tasty her: Die Welt ist nun mal so, wie sie ist – und durch Mäkelei und Affektiertheit macht man sie nicht besser. Wohl aber durch einen guten Geschmack. Die Schwierigkeit beim guten Geschmack besteht zwar in der Gummihaftigkeit des Wortes *gut*, aber da soll jeder nach seiner Fasson selig werden, solange er sich nicht von anderen Kriterien als geschmacklichen leiten lässt.

Wissen Sie zu wählen

Banane-Mandel-Schlumpf-Eis? Oder doch lieber After-Eight-Melone-Tiramisù? Oder gar Litschi-Pistazie-Pfeffer? Die Welt bietet so viele Optionen an, nicht nur bei Eissorten – und wie oft ist man mit der Entscheidung überfordert! Kürzlich war ich in der Mittagspause in einer Salatbar, wo es eigentlich ja schnell geht, weil Menschen in der Mittagspause meist wenig Zeit haben. Vor mir in der Schlange stand ein junger Mann, der sich nicht für ein Dressing entscheiden konnte. Er haderte und rang mit sich, bis die freundliche Bedienung zu Plastiklöffelchen griff und ihn probieren ließ: Erst fütterte sie ihn mit dem Ingwer-Wasabi-Dressing, dann mit Honig-Senf-Dressing, dann mit dem Classical Caesar und schließlich mit Joghurt-Limette. Alter, Alter, sagte ich mir – so weit muss es nicht kommen. Denn es ist gar nicht so schwer, sich zu entscheiden: Lassen Sie sich einfach von Ihrem guten Geschmack leiten! Sie werden doch wohl wissen, ob Sie eher der Joghurt-Limetten-Typ sind oder ob Sie der Wasabi-Fraktion angehören! Und wenn nicht, womit haben Sie sonst so Ihr Leben verbracht? Man sollte sich selbst doch einigermaßen kennen! Und wenn Sie das noch nicht tun, dann ist die Schlange vor der Salatbar nicht der richtige Ort, um damit anzufangen!

Die Welt ist voll von Optionen, und Sie können wählen. Und ja, Sie müssen auch wählen, sonst verhungern Sie zwischen zwei Salatdressings wie Buridans Esel zwischen zwei Heuhaufen. Aber wer sich selbst gut kennt, wird sich ja wohl im Laufe seines Lebens ein paar Kriterien zurechtgelegt haben, nach denen er urteilt.

Handeln Sie vorausschauend

Eine Regel, gegen die wir alle zuweilen verstoßen. Da ist man im Restaurant verabredet, womöglich mit jemandem, den man länger nicht gesehen hat. Natürlich kommt man sofort ins Plaudern. Der Kellner bringt die Speisekarte. Jetzt braucht es keiner allzu großen Vorausschauung, um zu wissen, dass der Kellner in wenigen Minuten wieder am Tisch stehen wird, um die Bestellung aufzunehmen. Stattdessen hält man blöde die Speisekarte in der Hand, kommt im Gespräch von Höcksgen auf Stöcksgen, muss den Kellner wieder wegschicken und länger aufs Essen warten ... Wird man überleben. Es geht aber auch 'ne Nummer größer: Kennen Sie Tessa Bergmeier? Müssen Sie nicht kennen. Das Mädchen war mal Kandidatin bei «Germany's Next Topmodel» und auf der «Alm». Beim Einzug auf Letztere verkündete sie ihr Lebensmotto: «Lebe jeden Tag so, als wäre es dein letzter!» Kennt man, hat man schon öfters gehört, im Poesiealbum gelesen, und es klingt auf den ersten Blick ganz lebensfroh und sympathisch. Es ist aber, mit Verlaub, das dämlichste Lebensmotto, das man sich wählen kann. Wenn Sie heute so leben würden, als wäre es der letzte Tag Ihres

Lebens, was würden Sie tun? Vielleicht nach Belgien oder Dänemark fahren? Auf die Südsee oder in die Karibik schaffen Sie es bis morgen ja leider nicht mehr. Und vorher erst mal zur Bank, Geld abheben, viel Geld? Denn auf dem Konto haben Sie ja nichts davon. Dann rufen Sie Ihre Freunde und Verwandten an, denn es wird heute Abend eine Riesenparty geben: Der Champagner fließt aus der Doppelmagnumflasche, und man serviert All-you-can-eat-Hummer für alle. Wer keinen Hummer mag, kriegt Steak vom Kobe-Rind. Sie werden Geschenke verteilen, Bargeld von mir aus, alles muss raus. Es wäre ein hoffnungsloser Tag der Verzweiflung. Quasi April '45 im Führerbunker. Bloß ist dieser Tag aller Voraussicht nach ja aber eben *nicht* Ihr letzter. Sie wollen ja nur so leben, als ob es der letzte wäre. Da Sie sich aber vorgenommen haben, *jeden* Tag so zu leben, als wäre es Ihr letzter, müssen Sie ja morgen *wieder* Vollgas geben, vielleicht dieses Mal mit den Arbeitskollegen oder mit den zweitbesten Freunden. Lachsbrötchen und Schampus aus den Pumps der Chefin. Und morgen wieder. Und übermorgen. Und irgendwann ist die Kohle alle. Warum auch nicht, denn heute könnte ja der letzte Tag Ihres Lebens sein. Könnte! Wo führt das hin? Genau: als Kandidat auf die «Alm».

Wäre es nicht klüger, sein Leben so zu leben, als ob man nicht nur noch diesen einen, sondern als ob man noch viele, viele Tage zu leben hätte? Planung, Hoffnung, Zukunft, das sind doch alles Dinge, die Großes wachsen lassen, die man aber nicht in Erwägung zieht, wenn man so lebt, als wäre jeder Tag der letzte. Klar, Pläne können in die Hose gehen, Hoffnungen enttäuscht werden. Aber ein anderer, viel besserer, Poesiealbumspruch lautet: «Rom ist nicht an einem Tag erbaut worden.» Schon gar nicht am letzten.

Warten können

Lothar-Matthäus-Regel, die zweite! Lothar Matthäus ist seit mittlerweile über zehn Jahren Trainer, aber er hat noch nie eine Bundesligamannschaft trainiert. Er war – mit unterschiedlichem Erfolg – Trainer von Rapid Wien, Partizan Belgrad, Nationaltrainer von Ungarn, Atlético Paranaense, Red Bull Salzburg, Maccabi Netanya und Nationaltrainer von Bulgarien. Jedes Mal, wenn in der Bundesliga ein Trainer gefeuert wird, bringt sich Matthäus unauffällig ins Gespräch. Sei es, dass er bei den Spielen des entsprechenden Vereins auf der Tribüne sitzt, sei es, dass er in Interviews wie nebenher seine prinzipielle Bereitschaft erklärt, einen Bundesligaverein zu übernehmen. Als er zufällig als Nationalcoach Bulgariens am selben Tag gefeuert wurde wie Michael Oenning, der Trainer der Hamburger Sportvereins, bekamen einige HSV-Fans sicher kalte Füße. Ich wage die Prophezeiung: Irgendwann ist es so weit. Irgendwann ist ein Verein um einen Trainer verlegen, die Situation ist beklemmend, Matthäus ist der einzige Kandidat, der die Hand hebt – und dann schlägt Lothars Stunde. Sein Vorteil: Er hatte Geduld. Matthäus weiß um die Schnelligkeit des Geschäfts – und je schneller sich das Karussell dreht, desto sinnloser ist es, mitzurennen. Man muss einfach nur stehen bleiben, irgendwann hält es an und holt einen ab. Man muss warten können.

Nichts durchpanzern

Auf Facebook gibt es eine Gruppe mit über 54 000 Mitgliedern, die heißt «Ist mir egal, ich mach das jetzt so». Übersetzt bedeutet das, die Mitglieder sind gewillt, trotz bekannter Mängel eines Plans diesen wissentlich anzugehen, im vollen Bewusstsein des Risikos. Das ist ungefähr so, als stünde man vor einem Bach und will ans andere Ufer. Man sieht recht klar, dass der Graben selbst für einen sehr beherzten Sprung zu breit ist. Statt einen Umweg zu machen und nach der nächsten Brücke zu suchen, setzt man aber dennoch voller Gottvertrauen zum Sprung an und geht das Risiko ein, kräftig nass zu werden.

Was tun? Den Plan trotz der Skrupel durchziehen? Oder lieber vorsichtiger zu Werke gehen? Die Facebook-Freunde würden sagen, «egal, ich mach das jetzt so» – und würden sich in den Hintern beißen, wenn der Graben dann tatsächlich zu breit für einen Sprung ist. Wie sollte eine Unternehmung zu einem glücklichen Ende geführt werden, wenn schon der Unternehmende selbst zu Beginn voller Skrupel die Risiken und Gefahren sieht? Es passiert ja häufig genug, dass man mit den ausgefeiltesten und abgefeimtesten Plänen, die keine Schwächen zu haben scheinen, gegen die Wand fährt. Wie dann erst die, die von Beginn an schon auf tönernen Füßen stehen? Also – wenn Sie Bedenken haben, sind diese Bedenken in der Regel berechtigt. Nehmen Sie sie ernst. Fassen Sie einen besseren Plan, einen, den Sie für perfekt halten! Wenn der schiefgeht, haben Sie sich anschließend wenigstens nicht vorzuwerfen, dass Sie es besser wissen hätten können!

Bedenken Sie das Ende

Die Karl-Theodor-Freiherr-von-und-zu-Guttenberg-Regel! Es kommt weniger darauf an, dass man mit Grandezza *auf*tritt, sondern dass man mit Grandezza *ab*tritt. Seit seiner Ernennung zum Minister galt Guttenberg als der beliebteste Politiker Deutschlands. Er hat zwar für die Grandezza beim Auftritt gesorgt (Adelstitel! Doktortitel! Ministertitel!), konnte dann aber nicht mehr mit Grandezza abtreten, weil er beim Zusammenklauen seiner Doktorarbeit nicht bedacht hatte, dass die ganze Nummer auch auffliegen könnte. Es ist eben nicht so, dass ein integrer Politiker kaputtgemacht wurde – im Gegenteil hat er sich zuvor diese vermeintliche Integrität erschlichen. Das war kurzsichtig, weil er das mögliche Ende nicht bedacht hatte. So höflich das Glück gegen die Ankommenden zu sein pflegt, so schnöde ist es gegen die Abgehenden. Deshalb richte man seine Sorgfalt mehr auf einen glücklichen Abtritt als auf den Beifall beim Auftreten! Ein positives Gegenbeispiel scheint mir Steffi Graf zu sein. Laufbahn beendet und sich ins Privatleben zurückgezogen – anscheinend mit einem Masterplan, wie dieser Alltag zu bewältigen sei. Das muss geklappt haben, denn sonst würde man öfters von ihr hören. Sie hat aber offenbar nicht das Bedürfnis, je wieder an der Klebstoffdroge Aufmerksamkeit zu schnüffeln. Ein Abgang mit Stil.

Originelle Gedanken haben

Die Top drei der nachweislich widerwärtigsten Leserbrieffloskeln sind ja «Armes Deutschland!», «Chapeau!» und «Setzen. Sechs!». Während der Briefschreiber sich den Anstrich eines schmissig formulierenden Meinungsmachers geben will, entlarvt er sich doch nur als Freund der Phrase und der Worthülse. Wenn man mit solchen Leuten diskutiert, legt sich schnell eine Aura des Mehltaus über die Unterhaltung, und man wird plötzlich soo müüüde ... Aber ich weiß ein lustiges Partyspiel, um nahezu eingeschlafene Unterhaltungen wiederzubeleben: Schmeißen Sie doch mal eine steile These in den Raum und schauen Sie, wie weit Sie damit kommen!

Ob Sie die These wirklich vertreten, ist jetzt erst einmal zweitrangig, wichtig ist nur: Sie muss kontrovers sein. Irgendeine Secondhand-Meinung, mit der man von jeder Seite billigen Beifall abgreift, gilt da nicht. Kommen Sie mir bloß nicht mit «Es gibt aber auch gute Politiker, der Dalai Lama zum Beispiel ...», «Rauchen ist ungesund» oder «Ich würde nie einen Pelz tragen».

Nein, fordern Sie sich selbst intellektuell heraus, vertreten Sie eine Minderheitenmeinung! «Delphine sind ja die Ratten der Meere» zum Beispiel, das hört sich an, als wüssten Sie mehr darüber – bitte schön, lassen Sie sich was einfallen. Halten Sie ein feuriges Plädoyer für den Stierkampf als altes Kulturgut! Behaupten Sie, dass wahre Tierschützer Nerzpelze tragen, weil Nerzpelze die armen Tierchen immerhin vor dem Aussterben bewahren! Verteidigen Sie die Atomkraft, weil die Kohle so viel Dreck macht! Erklären Sie, dass Sie unsterblich verliebt sind in Uli Hoeneß, weil bei dem ein Handschlag noch was gilt!

Es gibt ja tatsächlich ein paar Argumente für solche Thesen, einige krude, einige spannende – und es ist durchaus amüsant zu beobachten, wie Menschen die Gesichtszüge entgleiten, wenn jemand nicht der unwidersprochenen Konsensmeinung anhängt. Und plötzlich kippt dann zuweilen deren politisch korrektes Gutmenschentum in eine Argumentationsgleichschaltung, die keine kontroverse Meinung zulässt. Sie hingegen lächeln natürlich immer freundlich und bleiben konziliant, warum auch nicht, Sie haben ja keine heiße Leidenschaft bei Ihrer These – es sei denn, Sie sind Kürschner, Torero oder Atomtechniker. Wenn unsere Meinungen allen gefallen, haben wir was falsch gemacht. Sie taugen nichts, denn das Vortreffliche ist nur für wenige! Natürlich sollten Sie nicht überall in Ihrem ganzen Leben so verfahren – die eine oder andere tiefempfundene Überzeugung steht jedem gut zu Gesicht. Eine Meinung aus Spaß zu vertreten, nur um zu schauen, wie weit man kommt, würde einem der griechische Philosoph Platon zu Recht als Sophismus vorwerfen. Aber die Rede war ja von langweiligen Partys. Und da kann Platon ruhig mal ein Auge zudrücken. Man will den Sauhaufen doch nur ein bisschen aufmischen!

Geraten Sie nie aus der Fassung

Starte das verdammte Spiel! Starte! Das! Spiel, du H...sohn! Ich sag's dir nicht noch einmal! Los! Waas ist daas denn? O mein Goott, waas ist geschehen? Ich will nicht, dass es lädt, ich will ‹Unreal Tournament› spiiiiiieeeeelen! Jetzt geht's looooos! Wo ist der Escape-Knopf? Ich werde euch alle tööööten! Jaaaaaahhhh! Friss das, du H...sohn! Welcher H...sohn schießt auf mich? Neiiiin! Neciiiiin, ich hab verlooooren!»

Millionenmal wurde dieses Video auf YouTube angesehen, in dem ein Junge versucht, sein Computerspiel zu starten, und dabei völlig ausrastet. Es gibt einen HipHop-Remix und unzählige Montagen, in denen die Schreie des Jungen in Ereignisse der Weltgeschichte reingeschnitten werden. Der Kerl ist berühmt als das «Unreal Tournament Kid». Jetzt ist er zwar berühmt, aber man fragt sich zu Recht: Warum rastet der so aus, obwohl es sich nur um ein Spiel handelt? Ist der nicht ganz bei Trost? Solche Affekte können nur krankhafte Säfte der Seele sein, der Junge ist nicht mehr Herr seiner Sinne – und deshalb ist er das Objekt der Belustigung, nicht das *Subjekt* der Belustigung. Das wird bei einem solchen Grad an Aufmerksamkeit gerne mal verwechselt. Große Männer entrüsten sich nicht. Alles Große ist schwer zu bewegen, nicht nur Steine, deshalb: Bleiben Sie ruhig. Und zwar im größten Glück *und* im größten Unglück.

*Gehören Sie weder ganz sich selbst
noch ganz den anderen*

Die Prinz-William-Regel! Angenommen, Sie befänden sich auf einem Bahnhof, mit einer Schaffnerkelle und einer Pfeife, wären aber kein Schaffner. Und wenn der Zug abführe, bliesen Sie in Ihre Pfeife und hätten den Eindruck, der Zug wäre wegen Ihres Pfiffes abgefahren – aber in Wirklichkeit wäre er ohnehin losgedampft. Für dieses Szenario, geliehen aus Thomas Manns «Königliche Hoheit», gibt es zwei Erklärungen: Entweder Sie sind der Dorfirre. Er pfeift und glaubt, der Zug verließe den Bahnhof aufgrund seines Pfiffs. Oder aber Sie sind die königliche Hoheit, die zur Eröffnung der neuen Bahnlinie gekommen ist. Sie pfeift, damit die Bevölkerung was zu gucken hat, aber das echte Signal für die Abfahrt des Zugs kommt natürlich von ganz woanders.

Wer nur sich selbst gehört, ist ein Narr. Wer nur den anderen gehört, ist eine königliche Hoheit. Außenseiter sind beide, und die Extreme berühren sich, denn ihre Tätigkeit ist oft dieselbe, wie man sieht. In der vorgeschobenen Aktion wissen weder Hoheit noch Narr, was es bedeutet, wirklich einen Zug zu starten, den ersten Baseball zu werfen, den Anstoß bei einem Fußballspiel zu treten. Deshalb wirken Hoheiten ja auch oft etwas dümmlich – das tiefere Verständnis für eigentlich jede Sache fehlt ihnen. Anders als in der landläufigen Meinung, in der man Prinzen beneidet, weil sie reich, begehrt und berühmt sind, sind sie eigentlich arme Schweine, weil ihr Reichtum, ihr Ruhm und ihre Begehrtheit nicht ihnen gehören, sondern allen. Sie wissen genau, dass nicht sie selbst gemeint sind, sondern ihre Funktion. Und wäre der Narr in der Lage, statt nur sich selbst auch einmal anderen zu gehören, sich zu öffnen, so wäre er kein Narr mehr. Seien Sie weder Hoheit noch Narr, seien Sie weise: Sie brauchen Zeit für sich – aber auch Zeit für andere.

Zu prüfen verstehen

Es ist wichtiger, die Gemütsarten und Eigenheiten der Menschen zu kennen als die der Kräuter und Gräser. Deshalb ist «Bauer sucht Frau» ja auch oft so lustig, weil sie sich bei RTL immer ausgerechnet die Bauern aussuchen, die sich ihr Lebtag auf die Kräuter und Gräser konzentriert haben, nicht aber auf die Gemütsarten und Eigenheiten von Frauen. Um es mal vorsichtig auszudrücken: Die Beobachtungsfähigkeit, die Auffassungsgabe und Urteilskraft der Kandidaten sind in den meisten Fällen ausbaufähig. Wer potenzielle Ehepartner prüft, lasse die Aufmerksamkeit des Klugen mit der Zurückhaltung des Vorsichtigen wetteifern. Weder lasse man die Angebetete alleine mit ihrer zukünftigen Schwiegermutter tagelang in der guten Stube sitzen und Fliegen totschlagen, während man mit dem Junggesellenverein zechen geht, noch tölpele man der Auserwählten sogar bis ins Bad hinterher, um vor laufender Kamera endlich mal einen Blick aufs Strumpfband zu erhaschen. Bei der Prüfung von Menschen sei man beides: aufmerksam *und* zurückhaltend!

Stellen Sie sich manchmal dumm

Kennen Sie die «Sissi»-Filme? Natürlich kennen Sie die «Sissi»-Filme! Da gibt es den Vater vom Franzl, das ist Erzherzog Franz Karl, gespielt von Erich Nikowitz. Franz Karl ist schwerhörig und bekommt viele Dinge nicht mit. Zumindest nicht die für ihn unangenehmen. Denn Franz Karl ist gar nicht schwerhörig – er tut nur so. Das ist schlau! Es gibt ja Streitgespräche, in deren Verlauf man merkt: Verflixt, der andere hat recht. Jetzt ist es natürlich eine Stärke, das zugeben zu können – und wo immer möglich, sollten Sie das dann tun. Aber es kann ja auch sein, dass einem das Rechthaben des anderen zum Nachteil gereichen würde – und da wäre man ja schön in den Hintern gekniffen, wenn man nicht ein heimliches Ass aus dem Ärmel zaubern würde. Was nun?

Je nach Wichtigkeit der Sache, um die es geht, gilt Folgendes: Aus strategischen Gründen (nicht aus moralischen!) ist es jetzt klug, die Diskussion zu verwirren, indem man sich dümmer stellt, als man ist. «Ich weiß nicht, was du von mir jetzt willst» oder «ich habe keine Ahnung, was du mir damit sagen willst» sind bewährte Mittel, um den anderen auf seiner Argumentationslinie zu verwirren – so weit, bis man resigniert mit den Schultern zucken und sagen kann «sorry, wahrscheinlich bin ich zu dumm, um das zu verstehen». Was soll der andere machen, wenn Sie schon zugeben, doof zu sein? Diese kleine Niederlage kann man hinnehmen und später wettmachen, indem man bei anderer Gelegenheit beweist, dass man eben doch nicht ganz doof ist. Das ist allemal besser, als in der Sache nachzugeben. Natürlich nur, wenn einiges auf dem Spiel steht!

*Gewöhnen Sie sich an die Charakterfehler
Ihrer Bekannten*

Learn to love it!, sagt der Engländer. So, wie man sich an ein hässliches Gesicht gewöhnt, das im Laufe der Zeit dann nicht mehr ganz so hässlich wirkt, sollte man sich an die Macken, Ticks, Neurosen und Fehler seiner Verwandten und Freunde gewöhnen. Was soll man auch sonst machen bei Freunden und Verwandten? Man hat ja keine anderen! Ihre Freundin kommt regelmäßig eine halbe Stunde zu spät, wenn Sie zum Essen im Restaurant verabredet sind? Da gibt es zwei Möglichkeiten: Entweder Sie verabreden sich um 20 Uhr, kommen aber ebenfalls erst um halb neun. Jetzt besteht die Gefahr, dass sich das hochschaukelt und Ihre Bekannte dann noch später kommt. Deshalb mein Tipp: Sie verabreden sich um 20 Uhr – und seien Sie auch um 20 Uhr da. Und dann bestellen Sie sich schon mal einen Aperitif. Empfindsamere Geister können auch diese halbe Stunde als Geschenk betrachten und sie nutzen, um über das Leben oder die Freundschaft zu ihrer Bekannten nachzudenken. Ich jedenfalls hatte letztens einen französischen Vermouth, den man mit einem Schnitz Limette und Tonic Water trinkt – damit kann man sich gut eine halbe Stunde unterhalten. Wenn Ihre Bekannte dann noch länger braucht, bestellen Sie eben einen zweiten Drink. Und wenn sie dann endlich auftaucht, darf sie nicht einmal darüber meckern, dass Sie schon einen in der Tüte haben, leicht lallen und vor Hunger schon angefangen haben, die Tischblumen zu essen. Soll sie sich doch an die Macken ihrer Freunde gewöhnen! Sie hat ja keine anderen!

Manche Dinge muss man nicht besitzen

Besitzen Sie einen Laubbläser? Oder eine Speiseeismaschine? Eine Ferienwohnung an der Nordsee? Oder ein Boot an der nächsten Talsperre? Das ist alles okay, wenn Sie drei Birken im Hinterhof haben, die im Herbst alles mit kleinteiligem Laub zumüllen. Oder wenn Sie geradezu süchtig nach selbstgemachtem Erdbeereis sind. Oder wenn Sie wirklich jedes freie Wochenende nach Borkum fahren. Oder wenn Sie nur auf Planken richtig glücklich sind. Falls Sie eine wirkliche Leidenschaft haben, ist jeder noch so absurde Besitz gerechtfertigt. Für alle anderen gilt: Besitz ist von Übel. Manche Dinge muss man nicht selber haben: Sie kosten 350 Tage im Jahr Wartung und Pflege. Die restlichen, kümmerlichen vierzehn Tage sind sie vielleicht in Gebrauch.

Nehmen Sie zum Beispiel die langersehnte Ferienwohnung. Mieten Sie sich lieber jedes Jahr ein hübsches Hotelzimmer! So können Sie immer mal wieder die Ortschaft wechseln und müssen sich keine Sorgen machen, wer sich während Ihrer Abwesenheit um die Wohnung kümmert. Besitzen Sie aber die Wohnung, freuen Sie sich zwar am ersten Tag, den Rest des Jahres aber freuen sich die anderen –, und Sie als Besitzer haben höchstens Ärger, egal, ob Sie die Wohnung vermieten oder nicht. Vermieten Sie sie nicht, machen Sie sich mehr Feinde als Freunde und geraten in den Ruf der Knickerigkeit. Vermieten Sie, besteht die Gefahr, dass die Mieter das Objekt beschädigen. Oder, dass die Mieter unzufrieden wegen irgendetwas sind. Kein Wunder – man hatte das Ding ursprünglich ja auch nicht für seine Freunde, sondern für sich selbst gekauft!

Ich weiß schon, dass oft andere Kriterien zum Tragen kommen als rein strategische. Leidenschaft, Lustkauf, Spaß am Verrückten. Und das ist ja auch okay. Aber fürs Verrückte sind Sie selbst zuständig. Hier spricht ja die Stimme der nervtötenden Vernunft!

Andere Menschen denken anders

Die Menschen sind alle verschieden,
Die Menschen sind hart oder weich.
Aber überall hofft man auf Frieden
Und die Blumen blühn überall gleich.

Udo Jürgens ist ja ein Meister darin, uns Binsenweisheiten als Poesie zu verkaufen. Jetzt sind wir aber ja nun mal Menschen und keine Blumen, die überall gleich blühen. Und selbst das ist Quatsch. Wenn es denn kein Quatsch ist, könnte sich Udo Jürgens bitte schön mal meine Lavendelpflanze auf dem Balkon anschauen. Die braucht nämlich Hilfe. In Südfrankreich sieht Lavendel anders aus. Also, wenn entgegen Udo Jürgens' Behauptung selbst die Blumen nicht überall gleich blühen, Udo Jürgens aber immerhin einsieht, dass Menschen verschieden sind – wie verschieden müssen dann die Menschen erst sein? Die Antwort ist: sehr verschieden. Was Sie sagen, kommt nie so beim anderen an, wie Sie es meinen. Denn Sie senden immer eine wilde Mischung aus Gesagtem, Gemeintem und Mitgemeintem. Was empfangen wird, ist eine krude Mixtur aus Gehörtem, Verstandenem, Mitverstandenem und dem, was man eh immer schon wusste. Es gibt Wissenschaftler, die sogar behaupten, es sei völlig irrelevant, was der Sender sendet, weil der Sinn erst im Hirn des Empfängers konstruiert werde, worauf der Sender ja überhaupt keinen Einfluss mehr habe.

Und dann gibt es noch ein paar andere Parameter,

die im Kanal einfach so mitschwimmen, so was wie die Fitness und Wachheit der Beteiligten, gegenseitige Sympathie oder Antipathie, Zeit der Äußerung (Winter? Sommer? Morgens? Abends?), der Ort, wo sie stattfand (in der Tapas-Bar oder im Kaufhof? Auf einer Blumenwiese oder im Gefängnis?), das Medium der Mitteilung (Telefon oder Gespräch, E-Mail oder Büttenpapier in Kalligraphie?) etc.

Im Großen und Ganzen ist es keine allzu steile These zu behaupten: Kommunikation ist Glückssache und ihr Scheitern der Normalfall. «Du siehst heute aber bezaubernd aus» kann als großes Kompliment oder als miese Beleidigung aufgefasst werden, denn: Wieso nur heute? Was ist mit den anderen Tagen? Bin ich da etwa 'ne Vogelscheuche? So mancher, der Lob und Kompliment zu äußern vermeint, spricht damit unwissentlich einen Tadel aus. In Alfred Bioleks Kochsendung «Alfredissimo» war einst Helmut Berger zu Gast. Berger würzte mit einer Pfeffermühle nach und ließ nicht ab, diese Pfeffermühle zu loben. «Ja, die Pfeffermühle», sagte Biolek schließlich stolz, sich noch ein Glas Wein eingießend, «ist ein Geschenk!» – «Ach», erwiderte Berger, «danke schön!», und ließ die Pfeffermühle schnell in seinem Jackett verschwinden. «Äh», so Biolek verdutzt, «du kannst sie natürlich behalten!» Und prompt war Biolek seine Pfeffermühle los, die er einst geschenkt bekommen hatte. Wer kommuniziert, wird missverstanden. Leider kann man aus dieser Erkenntnis keinen Umkehrschluss ziehen, denn der klappt nicht, also: Wenn man nicht falsch verstanden werden möchte, solle man aufhören zu kommunizieren.

Das Problem: Man kann nicht *nicht* kommunizieren, wie der Kommunikationsforscher Paul Watzlawick herausgefunden hat. Wir haben also keine andere Chance, als die hohe Wahrscheinlichkeit des Missverstehens zu minimieren. Einerseits mit kommunikativen Übereinkünften. Andererseits mit Tricks und Kniffen. Und dabei soll dieses Buch ja auch irgendwie helfen.

Verstehen Sie zu prunken

Nein, es ist keine gute Idee, sich ab jetzt jeden Tag mit der Sänfte ins Büro tragen zu lassen. Nicht jeder Tag ist ein Tag des Triumphes, deshalb wird man es Ihnen auch übelnehmen, wenn Sie auf dem Weg zur Kaffeemaschine zwei nubische Sklaven hinter sich herlaufen lassen, Straußenfedernwedel auf- und abschwenkend. Man wird es Ihnen als Eitelkeit und Angeberei auslegen, wenn Sie einen Studenten engagieren, der hinter Ihrem Schreibtisch steht, einen Lorbeerkranz über Ihrem Kopf hält und Ihnen alle fünf Minuten ins Ohr flüstert: «Sieh dich um und bedenke, auch du bist nur ein Mensch!» Das wird im Kollegenkreis nicht gut ankommen – und zwar zu Recht.

Das Essenzielle an dieser Regel ist nicht das Prunken selbst, das jeder eitle Sack hinkriegt, sondern, sich auf das Prunken *zu verstehen*. Prunken, ohne dass man Sie für eitel hält, ist die Aufgabe. Und eine schwierige: Denn die hohe Kunst besteht darin, Ihre Vorzüge hervorzukehren, ohne nur den dicken Max rauszuhängen. Wenn man Sie aufs Sommerfest des Mitbewerbers eingeladen hat, lassen Sie die Einladung nachlässig auf Ihrem Schreibtisch liegen! Sie scheinen ja in der Branche einen guten Ruf zu haben ... und das darf auch ruhig jeder wissen! Erwähnen Sie in einem beiläufigen Nebensatz, wenn der Chef in der obersten Etage ein neues Bild im Büro hängen hat (aha, wird man denken, der scheint ja auf vertrautem Fuße mit dem Boss zu stehen).

Laden Sie Ihre Kollegen zum Essen ein! Schicken Sie zu Weihnachten Grußkarten oder – noch besser – eine Flasche Wein an Ihre Geschäftspartner! Wenn Sie zum Kaffee-Automaten gehen, fragen Sie in die Runde, ob Sie jemandem einen Cappuccino mitbringen können! Nie waren siebzig Cent besser angelegt!

Saugen Sie im Sekretariat beiläufig jede noch so unwichtig scheinende Information auf, die signalisieren könnte, dass Sie einen Zugang zu exklusiven Kreisen haben – wer weiß, wofür das nützlich sein kann! Und sei es nur, um den Kollegen anzudeuten, dass Sie überall Ihre Finger drinhaben und der bestinformierte Mann der Firma sind. Wer wird der neue Abteilungsleiter? Was wird auf der Weihnachtsfeier geboten? Aber ganz wichtig: Hauen Sie Ihre Informationen nicht alle gleichzeitig raus. Lassen Sie sich bitten! Zieren Sie sich! Lassen Sie sich nötigen! Wecken Sie die Neugier und befriedigen Sie sie – Stück für Stück. Natürlich müssen Sie auch was zu erzählen haben, sonst gelten Sie als geschwätzige Luftnummer.

Von der Reife

Ich sag's mal so: Der Mensch ist kein Käse. Das hätte jetzt vermutlich auch niemand so schnell behauptet, gemeint ist aber Folgendes: Während man beim Camembert die Reife am inneren Kern, dem «Herzen» erkennt, ist es beim Menschen andersrum. Zu einer gewissen Reife beim Menschen gehört auch ein reifes Äußeres. Erst Falten und ein gesetztes Erscheinungsbild geben den Worten eines Menschen in der öffentlichen Wahrnehmung entsprechendes Gewicht – oder interessiert etwa jemanden, was eine blutjunge Gina Lisa Lohfink über die Krise der Eurozone oder die Umwälzungen in der arabischen Welt zu sagen hat? Genau aus diesem Grund sorgen die Miss-World-Kandidatinnen regelmäßig für Erheiterung im Publikum, wenn sie mit Schärpe und Krönchen im Interview auf der Bühne angeben, sich «für den Weltfrieden» zu engagieren. Nimmt ihnen keiner ab – nicht reif genug.

Das reife Äußere hingegen ist ein zwar notwendiges, allerdings noch lange kein hinreichendes Kriterium für wahre Reife. Äußere Reife bei gleichzeitiger innerer Unreife ist ebenfalls ein Quell der Komödie. Die Figuren von Bill Murray, John Cleese oder Loriot leben davon. Bill Murray, der sich als Bob Harris in «Lost in Translation» auf dem Stepper im Hotel-Fitnessraum zum Affen macht. John Cleese, der als Rechtsanwalt Archie Leach in «Ein Fisch namens Wanda» in gestelzter Würde genussvoll an seinen getragenen Socken riecht. Oder Loriot als seniler Opa Hoppenstedt, der zu Weihnachten in kindlicher Freude seinen geliebten Helenenmarsch hört. Von außen wirken diese Figuren erfahren und souverän – aber ihr Verhalten konterkariert diese Reife. Diese Fallhöhe wirkt lustig. Zur äußeren gehört also auch die innere Reife. Und so ist der Mensch doch irgendwie ein Käse, bei dem auch das Herz eine gewisse Reife benötigt. Wobei es ja manchmal ganz lustig sein kann, sich zum Affen zu machen. Das hält jung! Reife ist schön und gut, aber man muss nicht immer gleichermaßen staatstragend und präsidial sein. Wer immer nur den Würdigen gibt, hat auch keinen Abstand zu sich, den die wahre Reife durchaus kennt. Deshalb wirken zwar Loriots Figuren komisch – Vicco von Bülow aber umso reifer.

Bleiben Sie flexibel

»Die Schuhe müssen zum Gürtel passen«, sagte Lothar Matthäus einmal – und es ist erfreulich, dass der ehemalige Weltfußballer auch außerhalb des Fußballplatzes Prinzipien hat. Es kommt jedoch auf die Umstände an: Heutzutage trägt man das Hemd nicht mehr stramm in die Hose gesteckt, man lässt es ja gerne über den Bund hängen. Und da man den Gürtel dann nicht sieht, muss er nicht mehr unbedingt zu den Schuhen passen. Und schon geht es flöten, das Prinzip.

Heute noch schwört man Borussia Dortmund ewige

Treue – und morgen klingelt das Telefon, und der Manager von Schalke 04 macht einem ein Angebot, das man nicht abschlagen kann. Wenn man sich dann zuvor allzu weit aus dem Fenster gelehnt hat, verliert man ein Stück weit sein Gesicht. Mit Treueschwüren muss man vorsichtig sein. Deshalb ist es nie eine gute Idee, sich den Namen seiner Lieblingsband oder Lieblingsstars auf den Unterarm tätowieren zu lassen. Stellen Sie sich mal vor, Sie würden heute mit dem Schriftzug «Kajagoogoo» oder «Thommy Ohrner» auf dem Arm rumlaufen! Und der Thommy Ohrner von gestern ist der Justin Bieber von heute. Also Obacht!

Suchen Sie sich Vorbilder

Rémy hat einen großen Traum: Er will der berühmteste Koch von Paris werden. Er hat einen feineren Geruchs- und Geschmackssinn als seine gesamte Familie, er ist fleißig und talentiert. Zur Vorbereitung auf die Erfüllung seines Traums hat Rémy das Hauptwerk seines großen Vorbilds gelesen: das Buch des verstorbenen Meisterkochs Auguste Gusteau, «Jeder kann kochen». Das Problem: Rémy ist eine Ratte. Und nicht nur, dass Ratten keine Hände zum Kochen haben – in der Regel werden Ratten aus Hygienegründen in Küchen nicht gerade gern gesehen, um es vorsichtig auszudrücken.

Durch Zufall gerät Rémy, der Held des wunderbaren Animationsfilms «Ratatouille», in die Restaurantküche des etwas heruntergekommenen «Gusteau's» – und sein Idol Gusteau erscheint ihm hin und wieder als Geist, gibt ihm Ratschläge und Hinweise. Mit Hilfe dieses Leitsterns schafft es Rémy, heimlich unter die Mütze des Küchenjungen Linguini zu schlüpfen und ihn davon abzuhalten, eine Suppe zu verderben. Er zupft an Linguinis Haaren – es dauert ein wenig, bis Linguini Rémys Zupf-Sprache versteht und begreift, dass es sich dabei um versteckte Kochanweisungen handelt. Durch Rémy wird Linguini zum Meisterkoch – und das «Gusteau's» findet zu alter Größe zurück. Wenn selbst eine Ratte zum Meisterkoch werden kann, dann können Sie das auch! Oder was auch immer Sie werden wollen. Vorbilder wie Gusteau gibt es in jeder Branche, in jedem Beruf – und Herausforderungen, die den Neidischen zu Boden werfen, können ein edles Gemüt wie Sie nur anspornen, es diesen hervorragenden Vertretern gleichzutun. Dabei ist es völlig egal, ob es sich um Julius Cäsar, Miley Cyrus oder um Tante Inge aus Wildeshausen handelt. Es ist auch völlig egal, wie alt Sie sind – wenn Sie einen Traum haben, sollten Sie einen Schritt auf seine Verwirklichung zugehen. Und ein Vorbild kann dabei helfen. Los geht's!

Sauber bleiben

Im Fußball werden Spiele absichtlich verloren, um mit Sportwetten das große Geld zu machen. Manche Politiker geben unrealistische Versprechen, um die Wahl zu gewinnen – und wenn das klappt, sofort wieder zu brechen, weil das Gedächtnis des Wählers nicht bis zur nächsten Wahl reicht. Stattdessen wird zugunsten des kurzfristigen Erfolgs Einzelner die Glaubwürdigkeit des gesamten Berufsstands untergraben. Kriege werden unter fadenscheinigen Gründen vom Zaun gebrochen, obwohl man weiß, dass die Anschuldigungen gegen das andere Land nicht stimmen. Unternehmer saugen ihre Firmen zum persönlichen Vorteil aus. Man könnte schon manchmal meinen, die Welt sei verrückt geworden. Ist sie vermutlich auch – wobei einzig und allein das Wort «geworden» nicht stimmt. Verrückt war sie immer schon – früher war es keinen Deut besser. Also bleiben Sie sauber! Nur weil alle anderen Mist bauen, ist das noch lange kein Grund, selber auch damit anzufangen. Natürlich müssen Sie tricksen. Aber den Unterschied zwischen einem Schlitzohr und einem Kriminellen – den kennen Sie.

Seien Sie nicht selbstzufrieden

Da hat der große FC Bayern sich gegen den krassen Außenseiter Getafe CF aus Spanien doch mit letzter Kraft in die Verlängerung gerettet, 1:1 in der 89. Minute durch Franck Ribéry!

Das würde noch spannend werden – und wir bestellten in der Tapas-Bar noch zwei weitere San Miguel. Die anwesenden Spanier fieberten natürlich mit Getafe – und mit ihnen der deutsche Gast Peter, der sich als Bayern-Hasser zu erkennen gab und nicht mehr ganz artikulationssicher, aber dafür umso lautstärker gegen die Mannschaft von Otmar Hitzfeld wetterte. Peter hatte Durst und trank spanisches Bier, sehr viel spanisches Bier. Um den Hals ließ er sich von den spanischen Fans eine Spanienfahne binden und war sich nicht zu schade, mit seinen Zeigefingern die Hörner eines Stiers zu imitieren, der eine Bayernfahne aufspießte. Die Spanier lachten. Plötzlich schrie Peter «Toooor!», weil er glaubte, Getafe habe das 2:1 geschossen – aber die Verlängerung hatte noch gar nicht begonnen, es hatte nur eine Wiederholung des 1:0 aus der ersten Halbzeit gegeben. Peter war also nicht nur betrunken, sondern auch ahnungslos. Hauptsache, es ging gegen die Bayern. Als dann in der Verlängerung nach fünf Minuten tatsächlich das 2:1 und dann das 3:1 für Getafe fielen, tobte die Tapas-Bar, allen voran Peter. Er trug jetzt quer auf dem Kopf eine Montera (die schwarze Kappe der Toreros), die bisher als Deko an der Wand gehangen hatte. Er schwang sich auf die Brüstung, verschüttete dabei sein Bier, skandierte «Ge-ta-fe, Ge-ta-fe!» und versuchte, die anwesenden Spanier zum Mitsingen zu animieren. Das war denen zu viel, Peter allerdings war glücklich und zufrieden. Selbstzufrieden, denn er benahm sich, als hätte er persönlich es dem FC Bayern gezeigt. Das Spiel schien gelaufen, die Bayern waren raus, was denn sonst? In der 115. Minute zahlte Peter und wankte, voll wie eine Strandhaubitze, nach Hause. Die schwarze Kappe trug er auf dem Kopf, die spanische Fahne um den Hals – und sein «Ge-ta-fe! Ge-ta-fe!» hörte man noch auf der Straße.

Peter war erst wenige Momente aus der Tür, da fielen (Fußball-Fans werden sich erinnern) in der 116. und in der 120. Minute das 2:3 und dann das 3:3 für die Bayern, sodass der FC Bayern München wegen der Auswärtstore doch noch das Halbfinale erreichte. Und während die Bayernfans die Autos für den Autokorso starteten und die echten Getafe-Fans enttäuscht, aber friedlich noch ein San Miguel tranken, wankte irgendwo ein glücklicher Spanien-Fan mit einer schwarzen Torero-Narrenkappe durch die Nacht und jubelte «Ge-ta-fe! Ge-ta-fe!».

Selbstzufriedenheit entsteht meistens aus Unwissenheit, sie ist die Glückseligkeit des Unverstands. Das mag zwar angenehm sein, ist aber dem Ruf und dem Ansehen nicht unbedingt förderlich. Peter ist noch zuweilen in der Tapas-Bar. Die schwarze Kappe ist allerdings nie mehr an ihren Platz zurückgekehrt. Und seinen Spitznamen hat Peter weg: Wir nennen ihn bis heute den «Schwarzen Peter».

Fallen Sie anderen nicht auf den Wecker

Der Rosen-Inder kam durch die Tür des Restaurants und ging erfolglos von Tisch zu Tisch. Auch ich gedachte, ihn wegzuschicken, weil meine Frau nicht auf öffentliche Liebesbezeugungen steht. Da hatte ich aber meine Rechnung ohne den Rosen-Inder gemacht.

ROSEN-INDER Wolle Rose kaufe?
GAST Nein, danke.
ROSEN-INDER Wolle keine Rose kaufe?
GAST Nein, wirklich nicht, sehr freundlich, danke!
ROSEN-INDER Sind aber Baccararose!
GAST Ja, mag ja sein, aber nein!
ROSEN-INDER No romantic night tonight?
GAST Nein. Danke.
ROSEN-INDER No like this woman?
GAST Doch, aber ich möchte: Keine. Rose. Kaufen. Wir unterhalten uns gerade!
ROSEN-INDER Aber Rose ist Lächeln von Natur!
GAST Ja, und wenn du nicht willst, dass ich dir mit deinen Rosen das Lächeln der Natur stopfe, dann tanz ab – aber flott! Sonst hole ich die acht Arme des Shiva raus und boxe dir in dein Linga!
ROSEN-INDER *eilt davon.*

Und so hat nicht nur der Rosen-Inder seine Rose nicht verkauft, sondern ich hatte gegen die Regel verstoßen, dass man nie aus der Fassung geraten soll.

*Achten Sie mehr darauf, nicht einmal danebenzutreffen,
als darauf, hundertmal zu treffen*

Kennen Sie «Doodle Jump»? Das ist so ein Handyspiel, bei dem man mit einem virtuellen Männchen höher und höher von Stein zu Stein springen muss. Für jeden Stein gibt es Punkte. Sobald man aber auch nur einmal danebenspringt, stürzt der Doodler ab, und das Spiel ist beendet. Was für eine Schule des Lebens!

Denn im Nachhinein erinnert man sich nicht an irgendeinen der tausend gelungenen Sprünge, sondern nur an den einen Fehltritt. So klein er auch gewesen sein mag, er ging daneben. Genau so ist's in der Welt: Wenn die Sonne strahlt, schaut keiner, aber wenn sie sich ein einziges Mal verfinstert, stehen die Leute mit gerußten Brillen auf den Balkonen und glotzen hin.

Die üble Nachrede trägt zehnmal weiter als der Beifall – und ein einziger, winziger Makel reicht, um alle gelungenen Leistungen eines Menschen auf einmal in Frage zu stellen. Denken Sie an Andreas Türck, Bill Clinton, Jörg Kachelmann, Dominique Strauss-Kahn. Alle sind freigesprochen worden. Aber woran man sich erinnern wird, sind nicht ihre mehr oder weniger großen Lebensleistungen, sondern ihre echten oder vermeintlichen Fehltritte. Und das hat ihre Karrieren behindert oder sogar beendet. Spielen Sie öfter «Doodle Jump»! So können Sie sich eventuell ein Amtsenthebungsverfahren ersparen.

Sorgen Sie für genügend Reserven

Als ich ein Kind war, hatten meine Eltern im Keller immer ein paar Dosen Corned Beef im Regal – für den Fall, dass der Russe angreift oder ein Atomkrieg ausbricht. Damals, in den Siebzigern, hatte man solche Befürchtungen. Aber darum geht's nicht. Die Reserveregel ist eine alte Profiregel, wenn man etwas bei seinem Vorgesetzten oder einem anderen Verhandlungspartner erreichen will. Zum Beispiel, dass der Chef mal wieder einen Tagesausflug mit dem Rheindampfer nach Rüdesheim für die Belegschaft springen lässt, beim letzten Mal war's doch so lustig. Gehen Sie zu ihm und schlagen Sie ihm vor, dass es doch nett für das Betriebsklima wäre, wenn man mal wieder etwas gemeinsam unternehmen würde. Zeigt er sich aufgeschlossen und fragt Sie, woran Sie denn da etwa dächten, schlagen Sie ihm eine dreitägige Luxus-Kreuzfahrt nach Basel vor! Er wird natürlich sagen, dass das zu teuer sei – und als Kompromiss vielleicht einen Tagesausflug nach Rüdesheim vorschlagen, das war letztes Mal doch auch recht lustig. Bingo! Alle sind glücklich! Der Chef, weil sein Vorschlag angenommen wurde und er das Gefühl hat, etwas Gutes zu tun und dabei noch Geld zu sparen. Und die Belegschaft, weil das Ziel erreicht wurde.

Wer je eine Kalkulation erstellen musste, weiß, dass man immer unauffällig ein oder zwei überflüssige Posten miteinbauen muss, damit der gegnerische Controller auch was rauszustreichen hat. Tut er das nicht, umso besser. Tut er es, sind trotzdem alle zufrieden. Ein bisschen Reserve muss immer drin sein, natürlich sollte es mehr sein als ein paar alte Dosen Corned Beef. Der erste Vorschlag darf nie auf Kante kalkuliert sein!

Wesentlich imposanter wird es sogar noch, wenn man die Reserveregel umkehrt: Also nicht nur etwas Großes rausballern und das Kleine zurückbehalten, sondern erst das Kleine vorzeigen und dann richtig auf die Sahne hauen:

Als Teenager war ich mal in St. Tropez. Dort lagerte eine beeindruckende Yacht in nachtblauem Design – bis heute nehme ich an, dass es die Yacht von Gianni Versace war, da sowohl auf Back- als auch auf Steuerbord jeweils ein antikisierendes Medusenhaupt abgebildet war, das Emblem von Versace. Staunend stand ich vor dem Riesenschiff und bewunderte Größe, Ausstattung und Design – bis auf einmal ein Schiff in die Hafeneinfahrt bog, nachtblau, identisch mit Medusenhäuptern aufgemacht, bloß: fünfmal so groß wie das von mir bewunderte Boot, jetzt mit Hubschrauberlandeplatz und einer Vorrichtung, um ein kleineres Boot hochzuziehen und mitzutransportieren. Das Schiff, das ich zuvor so angestarrt hatte, war nichts als das kleine Beiboot, das Hafen-Dinghi der wahren, gigantischen, unermesslichen Yacht von Gianni Versace. Wow.

In dem erbärmlichen Streifen «Hai-Alarm auf Mallorca» mit Ralph Moeller und Carsten Spengemann gibt es eine Szene, in der ein riesiger weißer Hai durchs Bild schwimmt. In der nächsten Einstellung wird dieser Hai von einem noch viel riesigeren weißen Hai mit einem

Happs verschlungen. Lernen Sie von Ralph Moeller und von Gianni Versace – aber bitte tragen Sie nicht die scheußlichen Klamotten.

Abwägen können

Kürzlich schneite über Facebook die Aufforderung einer Bekannten herein, doch eine Petition gegen die Schleppnetzfischerei zu unterzeichnen, die einer UN-Behörde vorgelegt werden solle. Schleppnetzfischerei sei eine «todbringende Fischfangmethode», zerstöre «unsere Meeresböden», und nur «unser Aufschrei der Empörung» könne «dem ein Ende setzen». Dem Aufruf waren schon Zigtausende gefolgt, indem sie auf den «Gefällt mir»-Button gedrückt hatten. Aber was ist dadurch erreicht? Wird die UN sich von ein paar Internet-Spongos überzeugen lassen, die einen lausigen Button geklickt haben? Diesen Einwand äußerte ich auch prompt – worauf die Initiatorin antwortete: «Dann schlag was Besseres vor!» Was Besseres wusste ich nicht, allerdings auch nichts Schlechteres: Mit dem Button beruhigt man doch höchstens sein Gewissen und kehrt wieder zum Alltag zurück, ohne je einen weiteren Gedanken an das Thema Schleppnetzfischerei zu verschwenden – er ist also nicht nur zwecklos, er ist sogar kontraproduktiv: Man folgt gedankenlos dem ersten Impuls, um schnell und billig Karmapunkte abzugreifen: Schleppnetzfischerei, das wird schon wieder so eine Sauerei sein – klicken, dagegen sein, fertig. Informationen sind da eher lästig. Sich über Gebühr mit jedem dahergelaufenen Thema zu befassen, geht ja auch gar nicht.

Ich möchte dieses Engagement nicht lächerlich machen – ich befürchte aber eine Art Kultur der Gratismoral. Ich hoffe, dass die UN sich von Sachargumenten leiten lässt, um ihre Entscheidung zu treffen, und nicht von einem leicht gedrückten Button – und bin da sogar recht zuversichtlich. Jetzt ist es wohl schon so, dass die Schleppnetzfischerei keine gute Sache ist. Offenbar geht es vor allem um den nicht zu verwertenden Beifang, der bei Grundschleppnetzfischerei etwa achtzig bis neunzig Prozent ausmacht, auch kleine Wale und Delphine sind darunter, die in den Netzen ertrinken. Mit anderen Fangmethoden, zum Beispiel mit Langleinen, sind diese Tiere zu retten. Jetzt seien, sagen die anderen, Langleinen allerdings wiederum eine Gefahr für Haie, Rochen und Meeresschildkröten. Am besten sei es also, ganz auf Tiefseefischerei zu verzichten und eine nachhaltige Fischerei zu fördern, die sich um die bestandserhaltende Reproduktionsfähigkeit der Fische bemüht. Das klingt natürlich überzeugend und gut. Nun leben aber viele Familien in vielen Ländern von der Tiefseefischerei – und das sind nicht die reichsten Menschen. Wenn man die Tiefseefischerei verbietet, was wird dann aus denen? Es müsste auch für die Fischer ein nachhaltiges Beschäftigungs- und Fortbildungsprogramm geben – das aber kostet Geld. Und da es an der Fischtheke ja nur noch Fisch aus nachhaltigen Beständen gäbe, würde das Kilo Sardinen nicht mehr 9,90 Euro, sondern eher 19,90 Euro kosten, was dem Umsatz nicht gerade förderlich wäre, sodass der Einzel- und Großhandel in Schwierigkeiten käme. Wer soll das alles bezahlen? Ist doch genug da, ruft da der Schleppnetzgegner! Die Banken und der Staat geben so viel Geld nutzlos aus, wenn man das richtig anlegt, gibt es keine Probleme! Aber woher kommt das Geld? Es wurde erwirtschaftet, zum Beispiel von Fischern mit ihren Schleppnetzen, vom Fischgroßhändler und von der Fischtheke im Karstadt. Wenn dieser Kreislauf nicht mehr fließt, fließen auch keine Steuern, von denen man alternative Fischmethoden, Umschulungsprogramme und Wirtschaftshilfen finanzieren könnte.

Wem der eventuell nicht verwertbare Beifang so viel wert ist, mag sich gerne gegen die Schleppnetzfischerei ins Zeug legen – aber bitte nicht mit einem Facebook-Button. Und dann selbstredend bitte nicht abends «Extrazarte Heringsfilets in Tomatensauce» vom Aldi für 1,39 Euro aus der Dose schnabulieren!

Aus Fehlern lernen und den glücklichen Ausgang im Auge behalten

Von klein auf wird uns eingetrichtert: Nicht aufgeben, immer weitermachen! Halte an deinen Zielen fest! Lass dich von Niederlagen nicht aufhalten! Bleib am Ball! Das ist ja gut und richtig – aber was man auch nicht verschweigen sollte, ist: Wenn es auf die eine Art nicht klappt, renne nicht blindwütig noch mal drauflos, sondern such dir einen anderen Weg, einen Schleichweg, einen Umweg. Wechsle die Taktik, ändere die Strategie, denk nach.

Wenn man immer dasselbe tut, darf man sich nicht wundern, immer dieselben Ergebnisse zu erzielen. Als Wladimir Klitschko 2003 gegen Corrie Sanders in einen Konter lief und zu Boden ging, hatte er kein anderes Mittel, als genau so zu boxen wie zuvor, bloß schon leicht angeschlagen. Mit der Folge, dass er ein zweites, drittes, viertes Mal auf die gleiche Aktion reinfiel und jeweils auf die Bretter ging, bevor der Kampf dann abgebrochen wurde. Die Niederlage zwingt einen zum Nachdenken, bei Erfolgen ist es andersrum: In der Regel sieht man nur den Erfolg, für den Weg dahin interessiert sich kein Mensch mehr. Denn wer ein Ziel erreicht hat, braucht sich dafür nicht mehr zu rechtfertigen. Ein gutes Ende vergoldet alles. Deshalb ist es wichtig, aus seinen Fehlern und Niederlagen zu lernen und die richtigen Schlüsse zu ziehen, wie das ersehnte Ziel doch noch zu erreichen ist.

Wenn man es dann schafft, weiß man allerdings als Einziger, was für eine Anstrengung das war – alle anderen sehen nur den Lorbeerkranz und den WM-Gürtel. Oder, etwas pathetischer ausgedrückt: Die Menschen sehen nur die Schönheit der Rosen, nicht aber die rissigen Hände des Gärtners.

*Sie leben nicht im Paradies – aber auch nicht
in der Hölle*

Ob es Himmel und Hölle wirklich gibt, wissen wir nicht. Aber wenn es sie gibt, ist im Himmel vermutlich alles Wonne – und in der Hölle alles Jammer. Unser Leben auf der Erde ist konsequenterweise irgendwas dazwischen – ein Chaos aus Jammer und Wonne, Erbärmlichkeiten und Großartigkeiten, zwischen Jugendherbergsmatratzen und damastenen Hotelbetten. Jedenfalls voller Verwicklungen und Unübersichtlichkeit. Das ist manchmal lästig und anstrengend – aber wie sich die Verwicklungen in einem Shakespeare-Drama entwickeln und wieder lösen, so ist es meist auch im Alltag – die Dinge klären sich, sei es von alleine, sei es durch die rege Nachhilfe der Beteiligten. Deshalb lasse man sich von zwischenzeitlichen Verwirrungen weder aufhalten noch ins Bockshorn jagen, sondern behalte das gute Ende im Auge. Am Ende ist doch eh alles nur halb so wild.

Sehen Sie zu, dass Sie zurückgewünscht werden

Michael Ballack zum Beispiel hat den Absprung verpasst. Er hatte eine großartige Karriere: Vize-Weltmeister, Vize-Europameister, zweimal Champions-

League-Finalist (aber beide verloren) – kein Wunder, dass er nicht abtreten wollte, ohne einen internationalen Titel geholt zu haben. Als er dann aber vom FC Chelsea zu Bayer Leverkusen wechselte, wurde er erst als Kapitän der Nationalmannschaft abgesetzt und verkam dann vom Leistungsträger zum Ergänzungsspieler. Mittlerweile ist er sechsunddreißig Jahre alt – und es ist keine allzu gewagte Prophezeiung, dass es mit seinem Champions-League-Sieg nichts mehr werden wird. Der kluge Rennstallbesitzer versetzt sein bestes Rennpferd beizeiten in den Ruhestand, damit es nicht irgendwann mitten auf der Rennbahn vor Altersschwäche stolpert und nur noch mitleidiges Gelächter erregt. Eine schöne Frau, sagte man früher, zerbricht ihren Spiegel zur rechten Zeit, sodass sie sich ihrer Schönheit erinnert. Tut sie es nicht, wird sie ihren Spiegel später auch zerbrechen, aber voller Wut: Nämlich weil er ihr unbarmherzig das Alter vor Augen führt.

Sehen Sie zu, dass Sie keine sinkende Sonne sind. Verlassen sie die Dinge in ihrem Zenit, bevor die Dinge Sie verlassen! Und zwar am besten mit Knalleffekt, nicht vorhersehbar wie die Sonne. Zügig, nicht scheibchenweise – und natürlich im Guten. Und schauen Sie bitte nicht alle paar Tage in Ihrem alten Büro vorbei – machen Sie sich rar, fahren Sie in den Urlaub, kümmern Sie sich um Ihre Enkel, Hunde, Bücher oder Zimmerpflanzen. Wenn Sie wegbleiben, wird man Ihr Fehlen als eine Lücke empfinden – wenn Sie noch andauernd in der Kantine rumhängen, wird man sich fragen: Was will der Alte denn noch hier? Wenn Sie sich aber unentbehrlich gemacht haben, wird man die Lücke sehen und Sie vermissen. Das gilt natürlich umso mehr, falls Ihr Nachfolger eine Pfeife ist.

Sollten Sie aber genug vom Gassigehen und Blumengießen haben und zurückwollen, müssen Sie behutsam vorgehen. Bei einer Pensionierung ist es natürlich schwer, aber es gibt ja auch Projekte, Stellen und Positionen, bei denen das durchaus möglich ist. Sehen Sie zu, dass Ihr Plan geheim bleibt! Sobald Ihr Vorhaben ruchbar wird, werden die Kollegen die Nase rümpfen. Sie müssen bereits fest im Sattel sitzen, wenn die von der Sache Wind bekommen, sonst kann das Ganze noch in letzter Sekunde kippen. Und natürlich haben Sie einen neuen Plan und ein neues Ziel: Wenn Sie vorher schon Großartiges geleistet haben, wird man diese Großartigkeit wieder von Ihnen erwarten – eine Erwartung, die Sie auf demselben Feld nicht erfüllen können, höchstens auf einem anderen. Wagen Sie also auch inhaltlich einen Neuanfang! Und wenn Ihnen der gelungen ist, sollten Sie ab sofort ein Hansdampf in allen Gassen sein. Machen Sie sich unverzichtbar und erschaffen Sie einen Mythos um die Zeit Ihrer Abwesenheit. Dazu sind natürlich nur freiwillige Auszeiten mit Glitzfaktor geeignet. Murmeln Sie etwas von einem chinesischen Shaolin-Kloster oder von ein paar kleineren Abstechern zu den Basislagern des Himalaya. Weniger geeignet ist ein Aufenthalt in der Reha-Klinik in Bad Rothenfelde wegen Ihrer Alkoholsucht. Hier gilt die alte Faustregel: spirituell ja – spirituos nein.

Nichts bis auf die Hefe leeren

Beim Weizenbier ist die Hefe ja gewollt, da muss man vorher nur ein bisschen schütteln, damit sie sich verteilt. Und dann kann man sie ganz wunderbar mittrinken. Woanders gibt es mittlerweile kaum noch Bodensatz, aber früher war er auch in jeder Weinflasche. Und wer da zu gierig einschenkte oder trank, hatte auf einmal den Mund voll mit staubigem Depot und musste sputzen. Alles wird falsch, wenn man es zum Extrem ausreizt: Presst man eine Apfelsine zu lange, wird sie nur noch Bitteres von sich geben. Selbst das höchste Recht wird, ins Extrem getrieben, zum Unrecht: In Heinrich von Kleists Novelle «Michael Kohlhaas» erleidet der Pferdehändler Michael Kohlhaas ein Unrecht und streitet vor Gericht vergeblich um Genugtuung. Schritt für Schritt wird er zur Selbstjustiz getrieben und verfällt in seiner Konsequenz in einen Wahn aus Mordbrennerei und Totschlag. Am Ende bekommt er zwar sein Recht, landet aber auch auf dem Schafott.

Schlankheitswahn führt zu Magersucht, übermäßige Freude am guten Glas zum Alkoholismus, Lust an der Spielerei zu finanziellem Ruin – alles im Übermaß Betriebene ist nicht gesund. Selbst Lesen stand früher in keinem guten Ruf: Die «Romanensucht» führe bei Frauen zu Hysterie und Tränenfluss. Heute hat man andere Sorgen: Heute wäre man froh, wenn junge Mädchen mal überhaupt zu einem Buch greifen würden.

Die Gunst anderer nicht verbrauchen

Natürlich muss und soll man andere zuweilen um einen Gefallen bitten, wozu hat man denn Beziehungen? Nur: Seien Sie sich sicher – da kommt was zurück. Immer. Denn der andere hat dann ja bei Ihnen einen gut. Gefallen tun, das ist ein Geschäft unter Partnern. Anders ist es höchstens im Eisenbahnabteil, wenn Ihnen ein netter junger Mann dabei hilft, den Koffer auf die Ablage zu wuchten. Da kommt eher keine Rückforderung. Aber im echten Leben schon: Und dann ist es blöd, wenn Sie später dem anderen etwas abschlagen, vielleicht sogar abschlagen müssen, obwohl Ihnen Ihre Bitte zuvor erfüllt wurde. Dann haben Sie ein Problem mehr und einen Kontakt weniger. Deshalb sollte man mit den Bitten sparsam sein. Je bedeutender und wichtiger Ihr prospektiver Wohltäter ist, desto behutsamer sollten Sie vorgehen. Beim Chef zum Beispiel. Zum einen, weil man sich die großen Wohltäter für die großen Gelegenheiten aufsparen sollte. Wenn man dessen Gunst für geringe Zwecke missbraucht, setzt man leichtfertig wichtigere Dinge aufs Spiel. Sie sollten also nicht zum Vorstandsvorsitzenden laufen, um eine neue Topfpflanze zu beantragen. Vielleicht bekommen Sie die Topfpflanze, aber den neuen Dienstwagen können Sie dann vergessen – ihre Wild Card haben Sie ja mit dem *ficus benjamini* schon verbraucht. Sie würden als Kandidat bei «Wer wird Millionär?» ja auch aufpassen, dass Sie sich Ihren schönen 50:50-Joker möglichst für die hochpreisigen Fragen aufsparen und nicht schon bei der 100-Euro-Frage rausjuxen. Es gibt aber noch einen zweiten Grund, warum Sie sparsam mit Bitten an den Chef sein sollten: Wie gesagt, normalerweise ist das ein Deal, bei dem immer was zurückkommt. Und dem Chef können Sie seinen Gefallen in der Regel nur mit erhöhtem Arbeitseinsatz entgelten. Wenn Sie Pech haben, erwartet er das sogar von Ihnen. Deshalb ist er ja der Chef, der hat ja schon alles: Topfpflanze *und* Dienstwagen.

Lernen Sie, die Narren zu ertragen

Das Leben ist ja ohnehin schon eine einzige Zumutung. Überall andere Menschen! Und alle verrückt! Und dann kann einem auch noch jeden Moment ein Steinchen in die Windschutzscheibe fliegen! Wenn man Pech hat, muss man damit zu Carglass und ist schon auf die nervige Werbung «Carglass repariert, Carglass tauscht aus» reingefallen. Oder man rasiert sich, denkt an nichts Böses und stellt dabei fest, dass der Rasierklingenhalter nicht etwa «Rasierklingenhalter», sondern «Fusion Power Stealth» heißt. Oder Sie wollen im Baumarkt schnell noch einen Sack Hundefutter kaufen und merken erschüttert, dass es zwanzig Prozent Rabatt auf *alles* gibt – außer auf Tiernahrung. Da fühlt man sich doch verschaukelt.

Der griechische Philosoph Epiktet (um 50 n. Chr.) wusste darüber schon früh Bescheid: Er kannte «Erdbeer-Wuppis», ertrug den «tall double shot caramel decaf macchiato to go» und ließ sogar den Hustinettenbär gelten – im Prinzip zumindest. Denn nach Epiktet ist die erste Lebensregel: Man muss die Dinge ertragen können. Wer die Dinge ertragen kann, habe auf dem Weg zur Weisheit schon die Hälfte des Wegs zurückgelegt. Epiktet war ein Vertreter der Stoa – und auf die Narren dieser Welt reagiert man eben genau so: stoisch.

Das für dieses Buch verwendete FSC®-zertifizierte Papier
Schleipen Werkdruck liefert Cordier, Deutschland.